U0135066

跳脫框架重構精神健康

# 在敘事中療癒

秦安琪、曹爽、梁樂衡、梁曉邦、麥麗娥、黃穎琴、葛思恆、謝杰雄——

著

# *Contents*

# 推薦序

澳洲杜維曲中心培訓團隊成員
Sydney Narrative Therapy創辦人
David Newman

　　香港在敘事實踐的探索和創新，是一段相對較短但極其豐富的歷史。它始於2001年，並在幾乎每個與敘事治療和社區工作有關的方向上都有所發展。無論是與受到成癮、性虐待、家庭暴力、厭食症、心理健康困擾影響者、獄中人或是兒童保護系統中的人一起工作；透過線上或親自走進社區、單獨或集體工作；抑或在關係實踐中解構分析愛情；或使用具創造性、文化共鳴的方式實踐敘事工作；以及尋找方法將這些創新分享給不斷壯大的實踐者社群，從上述所提及的內容，可以發現自敘事實踐被引入之後，香港的敘事實踐已經產生很多改變。

　　我仍然記得許多年前我閱讀了夏民光的文章*Overcoming Craving*（Ha Man-kwong ,2004）時的興奮之情。夏民光在文章裡提供了一個極其細膩的辦法處理關於「渴望」的議題，為我開闢了一條新路。而後，我閱讀了秦安琪的'Different Understandings of Love'（Tsun ,2004），隨著文章進一步思考關於愛的話語，以及自己如何在對話中不強加這些話語。最近，我則閱讀了葉劍青與其同事的訪談*An interview with IP*

*Kim-Ching*（2019），被維權人士的獨創性、創意以及有原則地進行他們的訴求所感動。

這本由一群充滿活力的香港敘事實踐者和社區工作者精心撰寫而成的書，將呈現更多令人感動的寶藏。這些故事被記載成書是非常值得慶祝的，特別是書裡這兩個亮點。

一般而言，心理健康服務容易將複雜的經驗窄化為精神病學語言和學術名詞。這意味著人們生活和經歷中的細微和複雜之處可能被忽略，當地的語言可能會被遺漏或未被聽到。因此，我很高興地跟大家分享這本書的第一大亮點──記錄了那些未被聽到的聲音，聆聽那些難以表達或曾被歸類為精神病學的經歷。

在許多心理健康服務中，很多人經常忘記要尊重並接受來訪者從生活經驗中所培養的知識，有時是出於善意，有時則不是。來訪者的技能、智慧和來之不易的知識常常被治療團隊提出的見解取代。特別是兒童和老年人更容易面臨這種狀況。然而，這本書記錄了精神健康服務不同的樣貌。書中的故事跨越各個年齡層，讀者將見證心理健康從業者決心尊重並記錄他們所遇到的每位來訪者的技能、智慧和來之不易的知識。此外，書中的敘事實踐者以極具創造性和富有遊戲性的方式做到敘事實踐工作，這是本書中的第二大亮點──透過敘事實踐把對話帶入非絕望的領域，使敘事實踐工作成為一種樂趣。

我懷抱著尊敬與期待這本書的完成，並樂見它成為香港敘事實踐歷史的新頁。

# 以故事召喚故事

法鼓文理學院特聘副教授兼生命教育學程主任
楊蓓

進入助人專業之後，每每腦子裡常反思的疑問：人類在沒有助人專業出現之前，心理困境都是如何面對的？

心理學隨著自然科學的興起，亦步亦趨地走在實證主義的傘蓋下，佛洛伊德某種程度開啟了「人性」的大門。心理治療面對生命困境與歷程時，始終糾結在人類行為的「集體性」與「個別性」之間。兩者各有其相互依存的重要性，也有其不可避免的遺珠之憾，不免讓人想起《華嚴經》中的「因陀羅網」意象。

因陀羅網是帝釋天宮用來裝飾的寶網。「此網每一結都綴有一顆寶珠，有無量寶珠綴飾其上，一一寶珠皆映現其他一切寶珠之影，一一影中又映現一切寶珠之影，所有寶珠因此無限交錯輝映，重重影現，無盡復無盡。」這一譬喻固然說的是佛境，但是以此來看待人間亦可，只是這重重影現的背後，故事就不一樣了。

助人專業，可以是因陀羅網上的局部，也是大千世界中的

一個次系統，受到其他次系統的影響，在獨立與融合之間，兩個世紀以來，訴說著屬於專業建構的故事，有些故事被突顯，有些故事被隱沒，然而，專業成長這條路始終不會停止。因為但凡是人，皆有助人的惻隱之心，此心即為仁心，在此仁心的觀照之下，許多被隱沒的故事，漸被披露，這些遺珠，方能重現光亮，有朝一日，成為寶珠。

敘事，讓淹沒的音聲重新被聽見，讓晦暗的光亮再一次明現。這是這本書的核心精神，也看到了秦安琪老師和她的團隊，在主流專業之外，以素人為主流所建立的助人專業，那是一種補破網的精神展現，讓人佩服。

初識秦安琪老師，是在麥克‧懷特在香港舉辦的敘事工作坊裡。她是主辦人之一，忙裡忙外，但又在某些細節處看到這位老師對敘事實踐投入的專精與熱誠。身為同道，雖不熟識，但卻心儀。之後，邀請秦老師來臺北大學社會工作系，為我們師生開啟了敘事的大門，後續雖然沒有看到敘事的招牌，但卻在教與學的肌理中屢見痕跡，其實這正是敘事的魅力所在。至此，讓我想起年輕時和同道朋友們玩的一個遊戲。

蘇軾在〈定風坡〉中寫著：
莫聽穿林打葉聲，何妨吟嘯且徐行。
竹杖芒鞋輕勝馬，誰怕？一蓑煙雨任平生。
料峭春風吹酒醒，微冷，山頭斜照卻相迎。
回首向來蕭瑟處，歸去，也無風雨也無晴。

我們就按著自己的理解和自己生命故事的對照，藉由這首文詞中的每一句來述說自己的心境與反思。由於當年這個無意間的遊戲，讓我理解了生命敘事與華人文化之間的依存關係，也連結了生命課題與社會脈絡之間的交互鑲崁。原來任何成長或療癒是可以在社會文化的脈絡中讓腦神經重新接駁，讓生命因而被充權。

　　生活離不開實踐，如同敘事離不開意義；而意義的建構則來自我們將經驗還原到社會文化的時空脈絡中去凝視，因而有洞察和明白。我必須說，本書的作者群都是有福之人，他們帶著不同於傳統的助人觀點，透過自己的專業善巧，和每一位敘事的主人翁一起凝視生命的奧妙，開放地允許自己和來訪者在「互為主體性」的互動下，領略這人間的重重影現，讓蒙塵的珠子漸現光亮。這是一個以故事召喚故事，用生命影響生命的歷程，希望讀者們也因此磨亮了自己的這顆寶珠。

　　此書問世，雖然著眼於精神健康，想在一個「去病態化」的理念下，為終日困在被精神醫療標籤化的眾人，尋回生命的尊嚴和主體性，其中細緻的轉化和亦步亦趨的協同互動，我會說：這才回到眾生平等的助人專業。

　　讓我們細細體會這助人的初心。

# 作者簡介（按筆劃序）

## 秦安琪

　　2014年，學習和實踐敘事理念13年後，很開心能攻讀澳洲杜維曲中心與墨爾本大學合辦的敘事治療與及社區工作的碩士課程，增加了我退休後繼續分享敘事理念與實踐這個心志的信心。2017年9月期待的退休終於來臨，離開了服務27年多的社會工作系，也跟青年研究實踐中心道別。

　　有幸得到香港、澳門及大陸喜愛敘事的機構和朋友的信任和支持，能夠繼續提供敘事培訓和督導。受疫情影響，澳門和大陸的承諾只能轉到線上進行，也無法到杜維曲中心和台灣與多年的敘事摯友相團聚，實屬可惜。然而，它讓我宅在家之餘，多了空間實行把多年來無數主角與我分享的生活故事書寫成檔案，讓各人的聲音有更多聽眾，也貢獻別人和我的生命。

## 曹爽

　　敘事實踐者、心理諮詢師。喜愛閱讀、寫作、也喜歡旅行，但各種條件的限制有時讓人困在原地。敘事的學習讓我在故事中旅行，打開不同的視野，有時探險理論迷宮，有時漫步人間煙火。敘事實踐中，我遇見不同人的故事，也遇見自己不

同的故事，認識帶來困境的故事，也編織更加偏好的故事。希望藉書寫的機會反思和整理過往的工作與生命經驗，與大家分享未完待續的故事與旅程。

## 梁樂衡

2013年開始認識「敘事」但起初並沒有真正的實踐。然而情淺緣深，我與它的相遇只是一個開始，慢慢地相愛相知，一起走過一個又一個的「未知」。當中最令我有深切感受的，是「敘事」在我最艱難的時候挺身而出，替我抵擋著「社會權力，既定立場」的指責，讓我能在壓力的狹縫找到一點光，重新理解自己，找回被現實隱藏了的人生希望和自信。自此，我與敘事不捨不離，一起走進不同的生命故事裡。

在修讀一年制敘事深造課程的時候，有幸讓我把敘事實踐的工作融入長者精神健康服務裡。這是一個很大的「未知」，但在未知的故事裡，我們往往總能找到不同的意義。我希望相關編章能為讀者帶來一點啟發。

## 梁曉邦

從事社會工作行業十多年，在工作初期以社區工作介入為主。自實習時進行倡議工作開始，一直面對一個服務上的疑問——倡議工作往往需要數以十年的時間推行政策轉變，但街坊可能只會參與小組數年的時間，在政策轉變前會否有什麼可

讓街坊有所得？直至接觸到敘事理念，一種與社區工作息息相關的可能性，讓街坊在過程中整理過往的經歷與故事，價值與信念重現。這些經歷和發現成為作者一直從事社會工作的動力。

## 麥麗娥

循道衛理楊震社會服務處自2009年開始應用敘事實踐於長者服務工作，包括運用生命樹（Tree of Life）及珍味生命（Recipe of Life）推行治療小組予受抑鬱情緒／痛症困擾的長者；採用重組會員對話（Re-membering Conversation）的概念於長者的生死教育推廣；甚至運用重寫對話（Re-authoring Conversation）於受輕度認知障礙症影響的長者，以家書形式重現其生命中珍貴的人生價值及盼望。此次文章分享由註冊社工麥麗娥整合服務處內四位註冊社工——陳情文、林清瀅、程俏雯、廖淑娟的經驗而撰寫。

## 黃穎琴

資深青少年服務社工及督導、敘事實踐者。

相信「From Little Things, Big Things Grow」，多年鑽研敘事實踐，喜歡傾聽他人的生命故事，陪同當事人重塑個人身份，發掘潛藏的能力，重寫屬於自己的生命故事，重視心靈力量的發揮。現時會用敘事實踐的信念及態度進行督導工作，陪

伴同工發現更多生命的可能。

2011年認識敘事實踐，深被其信念「人不是問題」所吸引。2015年決定修讀敘事治療及社區工作碩士，並往澳洲上課兩星期，接觸來自不同國家的敘事實踐者，擴闊個人眼界，更相信社會支援的重要性，以小組形式發揮敘事療癒的力量。2016年開始教授敘事實踐初階課程，希望把有關的知識及信念傳承，讓更多人認識敘事實踐。

## 葛思恆

敘事實踐者。於不同社福機構工作逾10年，後與台灣黃郁芳導演聯合執導香港棒球紀錄片《家長應援團》（2015年）。受拍攝紀錄片經驗啟發，於2015年完成香港浸會大學社會科學（青年輔導）碩士課程，從中認識敘事實踐，被其著重去中心化和社會脈絡交織性吸引。揉合工作和生活體會反思，盼望通過敘事實踐推動社會尊重多元文化。於2018╱19年取得澳洲墨爾本大學敘事治療及社區工作碩士。

香港輔導專業協會認證輔導師、英國輔導及心理治療協會註冊會員、澳洲輔導協會二級會員。於2018年創立「敘事山谷村」網絡平台（npvv.org）致力向華人推廣和分享敘事經驗。2020年創立銀芽輔導及諮詢服務，專注發展敘事實踐服務及培訓，兼任大學學士課程心理和輔導科目講師及輔導碩士課程實習督導。

## 謝杰雄

　　敘事實踐者、社工、註冊遊戲治療師。任職社工逾20年，曾於家庭服務、學校、青少年中心、兒童輔導中心工作，現時專注陪伴曾有心理創傷經驗的兒童及青少年走出困境。喜歡將遊戲與敘事實踐結合，讓兒童以有趣、輕鬆自在的方式說故事，從故事中發現更多的可能性。2004年開始接觸敘事實踐，對其理念甚感興趣，並開始揉合於與青年人的對話中。及後於2011年修讀杜維曲中心與香港浸會大學合辦的一年制敘事課程，並在2016年取得澳洲墨爾本大學敘事治療及社區工作碩士。近年，除了在前線工作中實踐敘事理念外，也致力為本地的輔導人員推廣敘事實踐，曾多次開辦敘事課程及為不同的社福機構提供培訓。

# 前言

　　為什麼敘事叢書系列的第二本書會選擇跟讀者們探索精神健康這個主題？原因有很多吧。其中一個驅動我們的是在過去多年實踐敘事的經驗裡，來訪的主角愈來愈多是帶著有關精神健康問題的故事，而他們的年齡趨向年輕化，從世界各地的醫院設立兒少精神健康中心亦可見一斑。這或許與過去20多年我們對兒少的關注，及看待他們為獨立的個體有關。無論如何，精神健康問題似在影響不同年齡、不同階層的個體。

　　另一個促使我們探索精神健康問題的是各位來訪主角的生命故事讓我們再一次見證敘事實踐的威力，及它開展每個人生命其他故事的可能性，使生命不再一樣。而每位來訪主角都享有偏好身分，並帶著這些一直伴隨她們的獨有身分步向未來的偏好生活。

　　本書分為兩個部分。第一部分我們先略為探討精神健康問題這個東西。精神病是啟蒙時代的產物，當時的社會推崇理性和秩序，舉凡行為不合理、思想紊亂的個體被關進病院，與世隔絕，目的是控制和維持社會秩序。一般人相信醫藥科學最能夠治療精神病，1952年面世的精神疾病診斷及統計手冊成了測量精神健康的基準。縱使它就精神健康問題的定義多年來受到質疑，它仍是大眾、醫護、諮商人員、學者公認的天書。受精

神健康問題困擾的人士成了被標籤、被觀察、被隔離的被動接收者，並建構了專家與病患的不對等關係。神經科學指出精神健康問題皆因腦部傾向注意負面經驗及負面情感，只要從新接駁神經細胞，注視正面情感便行。後精神病學提醒我們注視社會與環境的不利因素及社會建構的公共信念對人的影響。

敘事實踐讓我們去標籤，由來訪者的聲音出發，透過協作關係，發掘和豐厚來訪主角似無還有的價值信念、盼望夢想，呈現各人的偏好生活和偏好身分。第二部分的各個章節，作者團隊會逐一分享我們見證遇到精神健康問題的兒少、成年人和長者縱使受到焦慮、抑鬱、思覺失調、雙極性疾患等的襲擊，各人都有跟問題不一樣的生命故事，讓生活智慧和生命盼望重現眼前。（在本書裡出現的各位主角全以假名字替代）

在〈心魔不可消滅但可以超越〉的文章中，筆者除了探討兒童受精神問題困擾與社會文化及教育制度的關係外，亦分享與兒童進行敘事實踐時的不同點子。從小昭、美真與小輝的故事中，筆者透過遊戲與繪本故事等有趣的方式，與兒童進入豐富的故事世界，讓他們有機會敘說心底裡的渴望、重要人物與故事，從中看見不一樣的身分。

敘事實踐相信生命的發展沒有單一及必然，可以繞過問題，發掘生命的另類故事線。〈腦朋友大聯盟〉文章分享了筆者如何一步一步走進孩子的世界，發現「焦慮」以外的另類故事，連繫了一班受「焦慮症」影響的高小學生。文章記錄了筆

者在敘事實踐中如何以藝術手法——身體掃描、輕黏土製作、畫布袋等,讓孩子自在地、自由地一起說說自己的故事,表達自己重視的東西及期盼,一點一滴地建立偏好的自我身分。

一班同受亞斯柏格與霸凌影響的年青人走在一起,分享他們的故事及對生活、友情與將來的渴望,他們更將智慧與方法以敘事檔案的形式與人分別,希望貢獻他人的生命。在〈當亞斯柏格遇上霸凌〉的文章,記錄了這個青年小組的歷程,當中也會介紹以「生命智能電話」的敘事社群實踐方法,與組員探索不同的生命故事與身分,從「被霸凌」、「亞斯柏格」到「良心」、「富正義感」與「平常人」。

進入PART 3我們一起聆聽成人的故事。古人云「三人行,必有我師」,說的正是每個人都具有獨特的在地知識,它們在社群中互相分享、學習、建構及更新。敘事之旅可以被看作是在地知識的尋覓之旅,當地人才是最好的嚮導。敘事檔案記錄使問題以另類的方式被描述,呈現問題背後的文化脈絡。乾涸、陷阱、第三隻眼睛等故事躍然紙上,那些回應困境的在地知識也閃閃發光。面對困境,人們是與問題棋逢對手的俠客,歷盡千難萬險的探路者,深諳問題之道的藝術家。透過檔案及信件的分享,不同生命在故事中相逢,帶來美麗的漣漪。

在〈讀寫。另類。學習。敘事〉這一章,筆者通過多次的敘事實踐對話練習,回首成長於診斷和標籤還未普及的日子,翻出曾被努力遺忘,卻又刻在心底的名字,重整支離破碎的記

憶；以文字與讀者分享刻骨銘心的片段，邀請讀者一起以敘事的視角重返被文字靜止的時光，見證把思念轉化為手中堅持翱翔向未來，繼續實踐敘事的鑰匙。

耀龍和美賢分別帶著精神分裂及雙極性疾患和驚恐症標籤多年，她們在〈進入不熟悉和可探索的生命森林〉給予我們禮遇，聆聽二人兒時開始遇到精神健康問題的經歷。縱使被「痛心疾首」、「創傷到極點」、「驚恐」經驗的霧霾籠罩，他們沒有因此卻步，努力抵抗問題、「不斷追求」、繼續追尋「缺少了的一片」。隨著兩位的引領，我們穿過知道和熟悉的問題幽谷，找到不熟悉和可探索的偏好故事和身分，朝盼望森林的那道門進發。

「非一般的家長旅程」這一章反思知識與權力的關係，思考主流社會的文化價值是如何影響人的日常生活經驗，並進一步影響人的自我身分結論。文章展示了受特殊學習需要（SEN）影響的學童家長接受敘事實踐訓練的歷程，期後更成為合作夥伴關係。當他們到地區小組成為社員見證會的成員後，發現很多豐富的在地知識、被壓制的知識，透過聆聽及理解，與當事人一起發掘另類故事，建構偏好的身分。

麥克‧懷特以旅程比喻敘事對話。與一群於庇護工場工作，受精神健康問題影響多年的來訪者的敘事小組就是一個八天的旅行團，〈說故事‧讓笑聲發現跳進寶庫〉便是介紹這八天的旅程。我們有機會見證團友為一位受抑鬱困擾的母親提供

擊退生活困境的策略，從而發現各人的生活智慧，繼而呈現各人在意的價值信念和偏好身分。讀者們，您可有興趣進入團友的生命寶庫，一起穿梭和沉浸於他們的笑聲和發現裡？

當大家遇到身體健康的問題時，很自然地會找醫生尋求醫療診斷。但在醫學權威的主流下，大家都在追逐一個「標準」的健康指數。然而，對很多面對精神困擾的長者來說，「指數」往往也不似預期，使他們不自覺地走進「病痛」的故事中。在PART 4「敘說三高，健康Get Set Go」的小組中，筆者運用敘事實踐，透過不同形式的活動，讓一眾老友記敘說自己的故事，從中找尋理想生活，跳出單一「病痛」的故事線。

在〈看得見的情緒：敘事實踐應用於受抑鬱情緒困擾的長者〉這一章，筆者分享如何應用外化對話及重啟對話於長者中，當中列出常用的提問例句供大家參考。另外，亦提出情緒評估工具對長者個人主權建構的影響，從而創作另一份長者心理抗逆力的清單，以引發更多對話、豐富對話。最後，引用一個長者個案展現重啟對話的介入進程。

最後一章我們有機會從筆者分享實踐長者照顧另一個鮮少被探討的領域——護老者服務，讓讀者了解如何運用敘事理念於長者社區服務之中。同時反思筆者在大多以小組形式應用於社區工作的實踐過程中，怎樣呈現組員的能力與價值；並在敘事小組歷程後，對社會論述中「護老者」的角色及責任有不一樣的體會，從「受問題影響」轉化為「問題的最佳解決者」。

除了花錢擁有這本書之外，期待和感謝您閱讀及見證每一位主角的經歷、發現，作者團隊分享的心聲、反思、體會。我們知道一切都不是理所當然的事情，而是一個禮遇（privilege），願這個禮遇不會在這裡終結，您會繼續與我們行走敘事探索與實踐的路。在此我們送上無限感激！

# PART 1

# 緒　論

# 精神健康問題，沒關係？！

秦安琪

　　最近看了一套2020年的韓國劇集《雖然是精神病，但沒關係》（It's Okay to Not Be Okay），內容大致講述一位非一般的童話作家高文英與一位照顧有自閉症哥哥文尚泰的護理員文鋼太的故事。這個劇集之所以吸引我，除了因為每一集都以一個童話故事作主題之外，它是由當年迷倒不少女生的另一韓劇《來自星星的你》男主角金秀賢主演，三位主要演員及每一位在「沒關係醫院」居住的院友都曾受到創傷的感人故事之外，最觸動我的是劇名──我不禁想問：有精神健康問題（mental health issues）真的沒關係嗎？

　　我相信有精神健康問題可以是沒關係，不過也可以是很有關係。為什麼呢？請各位讀者在本書的第一章容許我先探索這個議題。精神健康問題可以很有關係，受精神健康問題襲擊的每一位來訪者和他們的家人都受到或多或少的影響，與一般「正常」家庭有所不同。是個人或家庭的問題使她們出現狀況？還是因為別的因素所導致？另一方面，敘事理念讓我們看清精神健康問題對來訪者的影響，同時展現他們的能力和對生

命的期盼。

　　本章主要分為三個部分：診斷精神健康顯現權力、標籤、社會隔離等問題絕對不okay；在第二部分我們嘗試探索怎樣看精神健康問題可能是okay的；最後的部分我們描述敘事理念為精神健康問題作出的貢獻，讓遇到精神健康問題的來訪者重遇偏好的生活和身分，這可會是絕對okay？

## 精神健康問題絕對不Okay

　　精神病是啟蒙時代（Age of Enlightenment）的產物，當時的社會推崇理性和秩序，舉凡行為不合理、思想紊亂的個體被關進病院，與世隔絕，目的是控制和維持社會秩序，一般人相信醫藥科學（medical science）最能夠治療精神病（Bracken & Thomas, 2001）。解釋（explanation）和研究個體（exploration of individual subject）的情況也造就了現象學（phenomenology）和精神分析（psychoanalysis）的出現。在此情況下，精神分裂和情緒問題均是個人的障礙經驗（disordered experience）和神經（neuro）問題所致，跟社會和文化因素沒什麼關係。

　　精神疾病診斷及統計手冊第一版（DSM-I）自1952年面世至今已成為測量精神健康的基準（benchmark）、天書，醫生從病人描述的情況和可以察看的狀態，根據手冊內的清單命名病人的精神健康問題。這些年來，手冊被大眾、醫護團隊、諮

商人員、學者等譽為是「精神科聖經」。

## 對精神健康問題定義和診斷的質疑

天書一直備受質疑。

Gert 及Culver（2004）指出精神疾病診斷及統計手冊第四版（DSM-IV）已清楚提醒使用者手冊內的分類非精確（imprecise subclass）、缺乏涵蓋所有分類的操作性定義（operational definition），不能依賴它作為精神健康問題的終極判斷；手冊提供的行為和心理徵狀，是期望有助分辨正常和病態（normality and pathology）。

精神疾病診斷及統計手冊第五版（DSM-5）於2013年問世，是自1994年後的重大修改。然而，當年不少於47個精神健康團體要求復審這本天書（Lacasse, 2014），他們對其內容其中一個質疑是它廣闊了精神障礙（mental disorder）的定義，例如暴食症（binge-eating disorder）和輕微認知障礙症（neurocognitive disorder），「病態化」（pathologized）或「醫療化」（medicalized）更多人類遇到的問題；而DSM-TR描述有精神分裂症的人士腦部的神經變異可能是抗精神病藥物（antipsychotic）所致，這類藥物也會導致自殘行為，故並非病患有問題，可這方面的文獻被刪除了。

參考不同的爭議和文獻，Lacasse（2014）亦列出9個對

DSM-5-TR的揣測，例如服務使用者只得到有關精神健康問題的消極資料，未有復康的相關資料；美國心理學會（American Psychiatric Association）被批評已淪為金錢掛帥，因為在美加等地9成使用天書的專業人士獲發診斷費用；Somogy Varga（2019）批評手冊內的分類有助申請研究基金。Wakefield（2006）同樣表示分類像是為了保障和讓專業人士得到最高診治費用，文章亦引述女性主義心理學家 Paula Caplan的評論，DSM-5的評斷假設一些社福服務使用者有精神障礙，精神科藥物對他們無疑有短期果效，但長遠來說，會把問題內化成他們的問題，並對他們的能力有負面影響。以下就讓我介紹幾個負面影響。

## 受精神健康問題困擾的人被觀察、被照顧

Yeh, Jewell & Thomas（2017）綜合了一些有精神健康問題人士的描述，包括他們是危險人物、難以捉摸、社交和工作能力欠佳，精神健康問題影響他們的情緒、思想和行為及正常功能，總的來說，是違反了常規行為。受到精神健康問題影響的人士的狀況多由不同專業，如醫護、臨床心理學家、社工師等描述，鮮少讓主角發聲（Wiberforce, Abendstern, Batool, Boland, Challis, Christian, Hughes, Kinder, Lake-Jones, Mistry, Pitts & Roberts, 2020）。透露（disclose）精神健康問題可以是充權的方法，然而透露帶有問題標籤也可以被別人誤解為沒能力或是危險人物（Puddifoot, 2019）。

這讓我回憶剛從社工本科畢業，在一間中學當學校社會工作員的時候，校長特意把我的辦公室設在初中一的I班旁，這一班遠離其他班別，十分接近行政部和校長室。初中一共有10班，I班便是第9班，聚集了被評定為小學成績劣等的一群。

　　座落在這一層的角落，I班旁只有約10位同學的J班又如何？每一位同學都遇到不同程度的精神健康問題，他們就像電影浩劫重生（Cast Away）中由湯姆漢克（Tom Hanks）飾演的查克諾倫（Chuck Noland），被困在無人荒島自生自滅。有任何問題出現不會驚動其他學生，因為隨時都有行政人員監控，而我這位社工司肩負「穩定」和照顧兩班新生的同時，也被徵召進入監控系統。究竟我擁有什麼身分？照顧者？控制者？倡導者？

　　傅柯（1989）指出醫療系統、醫院和診所的建立，當中醫生們經科學觀察（scientific observation）和實驗、聆聽「病患」身體出現的狀況、使用相同的醫學語言描述「病患」，「病患」是被觀察的客體（object）、被知者（known）；醫生與病患合而為一個集體主體（collective subject），但前者是揭露者，後者是被揭露者（those who unmask and those before whom one unmasks, p.135）。有類近經驗的被觀察者、被知者或被揭露者得到相近的治療，這些知識（knowledge）成為被認可的真相（truth），及觀察其他病患的假設（hypothesis），製造了「病患凝視」（patient gaze），導向被監控的世界（directs our gaze into a world of constant visibility）（p.x）。過

程中，精神健康問題變為統一的名字和分類，逐漸製造了有關精神健康的真相——社會現實（social reality），建立了「真相體制」（regimes of truth）（Foucault, 1977）。真相體制使我們相信被賦予這些名字的人都具有類似的特徵（Nowak, 2019），如果某人在特定時間，例如過去6個月出現清單內兩個或以上的情況便是患上了某個精神健康問題。

透過研究沙士比亞的作品《哈姆雷特》（又名《王子復仇記》），Hall（2016）從後現代思維的角度評論西方社會主流個人主義衍生有關責任、榮耀和性別的要求，只有單一真相，忽略生活經驗的多元詮釋，使哈姆雷特產生自我壓抑（self subjugation），並被下結論（totalized），建構了瘋狂或神經錯亂等問題。同樣，在今天的社會制度下，某些家庭成員被邊緣化（marginalized）及被視為精神有問題。沙士比亞在該劇的第二幕第二場寫道：「沒有事情是好的或是壞的，是想法使然。」（There is nothing either good or bad, but thinking makes it so），倡議尊重不同詮釋、容納和創造多元可能性。或許，襲擊個體身心的並不是精神健康問題本身，而是精神健康問題這個標籤帶來的邊緣化、去權和去聲、有問題等的負面身分。

## 標籤、隱形和靜音

標籤使人跟別人遠離、失去地位和被歧視，影響個體生活的不同範疇，如整體健康、工作、社交等（Link & Phelan, 2001）。每一次閱讀Chris Wever（2015）獻給一位少年Luke的

文章我都感到哀傷。兄長自殺身亡多年，Luke都在哀傷中度過，15歲時Luke被診斷有邊緣型人格障礙，他努力尋找有關這個「病」對他未來的影響。另一方面，Wever與Luke一起探索西方心理學是如何影響精神健康的診斷，同時工作人員判斷Luke的情況及相關的研究資料。兩年後Luke結束了生命。

Caplan（2011）提出一個疑問，從伊朗或阿富汗返回美國的受創戰士經常被診斷有精神健康問題，他們會是受到戰爭的煎熬？面對死亡、破壞和道德恐懼（moral horror），怎樣才算是健康的反應？一般的治療和精神科藥物使他們相信接受治療和服藥後若沒有痊癒，便是他們無藥可救，這個演繹對他們造成更大的傷害。美國心理學會（American Psychiatric Association，2017）的精神疾病診斷及統計手冊補充版亦說明不同文化和社群的種族、宗教、居住地域，對徵狀的出現和詮釋各異。例如有關社會焦慮的診斷準則加入害怕冒犯他人，以回應日本避免對他人造成損傷的文化。

Cohen及Timimi（2008）於*Liberatory Psychiatry: Philosophy, politics and mental health*一書提到精神病學支持解放的理念（liberatory underpinnings）吸引著我：「讓人從社會、生理和心理的壓制（oppression）釋放出來，及扶助人類過自我實現（self-realize）和自主的生活（self-directed lives），同時肯定了精神病學回應政治、經濟對人類生活的影響。」例如當來訪者的價值建基於金錢價值，基層人士的價值被貶低，造成疏離（alienation），壓制（oppression）個人成長，造成心理壓

力。精神病學成了社會控制的一分子。20世紀致力發展包含生理、心理、社會等元素的理論，但這些理論都是由專家所發明，欠缺來訪主角、勞動人員、婦女和不同種族的持份者的經驗和聲音。

## 專家與病患

一般大眾都會服從專家的語言，例如心理真相（psychological truths）是不容挑戰的科學和醫學知識，更遑論我們不懂的心理過程（mental processes）了（Wever, 2015）。

耀龍因為在家以利刃恐嚇母親而被送到精神病院醫治，經過醫護觀察一段時間後，醫生說耀龍在醫院內沒有任何行為問題，可以出院。母親很是擔憂和害怕，由友人介紹耀龍與我見面，她要求我確定耀龍「沒有問題」方可離開醫院回家。

還記得我們第一次面談時，耀龍說：「我媽媽時常恐嚇我說『人家秦博士的時間是很寶貴的。可能見你一兩次便對你沒有興趣，便不會再見你了。』」耀龍深信與我見面是「最後希望」，因為他得依賴我這名在大學任教的「博士」的「報告」才有機會離開醫院。他也提到以往的諮商對他沒有幫助，服藥和諮商多年，精神病還是復發。他的話立見耀龍的病患位置與醫生和諮商師的專家位置，及一般人對諮商師的期望；我這位諮商師成了高高在上，能主宰他生命的專家。

在面談接近尾聲時，耀龍提及服用了那麼多年的精神科藥物都沒有效用，能否不服？隨後他又立即改口說或許可否轉換藥物，聽罷讓我心痛。眼前這位20來歲的年輕人進入醫療系統10多年，學到了服從，即便藥物對他來說沒有大用，反讓他「精神呆滯、不能集中」，他腦海瞬間閃過能否不吃藥，然而他知道這是不可能的事實，只能希望轉換處方。以上描述只是云云例子中的其中兩個情況，讓我感受到這位個子高大、20來歲的耀龍進入了醫療和諮商系統，背著精神健康問題的標籤那被動、無助的狀態。

Holland, Blood, Pirkis, & Dare（2009）挑戰傳統生物醫療模式（biomedical model）的診斷標籤，就精神病、欠缺、紊亂等描述、對精神健康問題理所當然的假設，固定了醫生為專家，於精神健康領域擁有至高無上的權威，在醫療系統裡最有權力的人。傅柯（1988）指出診斷精神健康問題是一個定義、權力與控制的過程，不會顯現相關論述影響病人和家屬的威力。麥克・懷特（1995）提出了好幾個讓我時刻反思，亦深受感動的問題：什麼知識被喻為不相關和不合用的？誰說的話、在什麼時候才被認可？誰有資格發聲？診斷、標籤怎樣透過「關係實踐」（relational practices），例如「專家與病患」如何影響個體的生命？

## 消失於系統的一群人

相信大部分讀者都曾經生病和請醫生診療，「病患」的檔

案記載了有關疾病和病人的客觀資料、最適切的治療方案，你可曾有機會閱讀你的病歷檔案？縱使一般認為服務使用者有權取得關於他們的記錄，然而，醫療或社福系統鮮少有使用者閱讀或取得這些記錄的。使用者不能閱讀或取得有關他個人的面談或醫療資料損害了透明度，專業人士書寫這些資料時使用的語言亦往往讓使用者卻步（Chen, Eborall & Armstrong, 2014）。醫生對病人的觀察尤如在實驗室進行實驗一樣，檔案不會顯現病患的個人經驗（the invisible），導致病患被去聲（silenced）。

Sue Mann（2000）憶述她在醫院工作的經驗，其中一位病人「逃離」醫院，並帶走了他的病歷檔案（medical record），促使她對病歷檔案的反思。一般而言，病歷檔案記載了醫護對病人的描述及病人需要的判斷，例如不服從（non-compliant）、不合作（unco-operative）等字眼，病人是最後一位或從來不能閱讀有關他本人的病歷檔案，他們的聲音就這樣沉沒了。因此，Sue倡議受疾病影響的人士參與檔案的書寫過程。同樣，Druker（2014）贊同我們應質疑醫療系統，邀請來訪主角共同商討怎樣的診斷最切合他的經驗。

## 怎樣看待精神健康問題會是Okay？

Luke的故事讓我聯想到無數活在精神健康問題標籤下的每一個生命，暴露了聚焦個人功能和成就的主流論述和標籤無比的力量，常規化判斷（normalizing judgment）使Luke深信他永

遠不能成為一個「正常」的人，為他帶來創傷、讓他感到絕望。與Luke一樣，曾與我面談和在敘事群體的多位來訪主角都認為自己「不正常」。「正常」是西方主流審視個體的論述，滲透了我們的文化和不同制度，包括醫療、教育、社會工作、法律等制度，上述的精神疾病診斷及統計手冊正是建構精神健康的社會現實（social realities）、心理構念（psychological constructs），當然也影響治療的方案——尋找和除去相關的心理和環境因素，讓人找回「真我」（White, 1997）。「真我」是什麼？是誰認為的「真理」？是另一個被建構的心理構念吧。然而，隨著精神科學的不確定性及不同範疇對精神健康問題多了認識，精神科學的合法性（legitimacy）已不復再（Glas, 2019）。

## 神經科學對精神健康問題的演繹

神經科學否定精神健康問題是疾病的說法，而是腦部傾向注意負面經驗及負面情感（negative affect），因為激活負面情感的神經細胞比激活正面情感的細胞多。一旦負面情感激活起來，負責思維的前額葉皮質（prefrontal cortex）會解釋或演繹這個經驗，此乃人類生存所需，好讓人能夠盡速回應危險境況。可若情況持續，充滿問題的故事線便會產生負面身分，個體的策略便會被忽略（Beaudion & Zimmerman, 2011）。Armstrong（2019）認為腦部是一個處理器，讓人可因應環境做出協調或改變。套用於精神健康問題，需要做的便是重新接駁神經細胞，注視正面情感（Lipchick, 2005）。

一些諮商師認為神經科學有助我們明白人類思維、情緒、行為、人際互動的關係及來訪士角回應或表達遇到的困境；傳播媒體仍覆蓋某些群組有別於主流群組的神經生物差異（neurobiological difference）（O'Connor, Rees & Joffe, 2012）。作為神經科學，精神醫學有需要夥同公眾健康（public health）、行為健康科學（behavioral health science）及健康經濟學（health economics），注視提供精神健康服務出現的不公平現象，例如貧窮、邊緣文化、標籤、過度處理（overtreatment）、過度醫療化（overmedicalization）等（Giotakos, 2018）。

由早期透過研究體細胞結構及演變（somatic structure and processes）了解人的本質（human nature），1990年代開始，社會神經學（social neuroscience）提倡腦部如何協調社會互動（social interaction）及思維（cognition）的功能（Pickersgill, 2013）；孩提時代的社會互動對正常腦部和行為發展有重大影響，個人的生活經驗影響行為、心理和生理因素與回應處境的差異（Cacioppo, et.al., 2007），過程中製造擁有神經科學知識的專家及可達至「理所當然」健康生活的自助書籍。

參考了相關的文獻後，Tom Strong（2019）提醒我們神經科學應用於治療的核心隱喻（root metaphor）為人類腦部活動和思維與情感的關係，當中的論述循證實踐（evidence-based practice）無疑把我們帶進個人的思想和生理體驗（cognitive and physiological experience）及功能（functioning）等內在特

性，卻讓我們忽視環境、社會不公和主流權力對人生命的影響。敘事的核心隱喻是透過問句呈現個人生活經驗的意義（Freedman, 2019）。對Beaudion & Zimmerman（2011）而言，敘事實踐是解構問題故事，讓來訪主角重新經驗事件及注視正面情感。

Sanneke de Haan（2020）認為用以解釋精神健康問題的還原理論（reductionism）、二元並存論（dualism）及綜合論（integrative model）均不足以看清精神健康問題。還原理論（包括神經科學）從個人的生理神經問題出發，沒有看到環境因素；二元並存論既是循證實踐（evidence-based practice），也考量病患的個人經驗，然而至今未有提供兩者怎樣共存。綜合論倡議的生物心理社會（biopsychosocial）面向同樣未能清楚三個範疇怎樣在個體的生命運作，不過仍是現時較被接納的模型。

Sanneke de Haan指出生成模式（enactive approach）視精神健康問題為個體賦予個人行為的意義或評價個人行為出現問題。不過，這並不表示存在對或錯的意義，而是個體與社會的關係出現問題。例如因為喪親而感到哀傷是具意義的，抑鬱則影響個體與外界的關係，使個體與社會不能建構有意義的關係。同樣，Anckarsäter（2010）主張關注個體與其他人之間出現的問題。從這個角度看精神健康，我們要注視個體與社會的相互關係。

## 對待精神健康問題的可能性

一直以來，精神醫學界對精神健康的定義爭議不絕。一群英國的精神科醫生於1999年成立了批判精神病學網路（Critical Psychiatry Network），倡議受精神健康問題困擾人士的公民權利，他們認為個體的主觀經驗與神經問題不一樣，很多受精神健康問題影響的人士並不是染上疾病，醫生也不應只按程序行事，忽略了病患遇到的困窘，網路主張採用生物社會心理模式（biopsychosocial model），即不單是從生理方面著手，也得關注社會和心理因素，並以病人為中心（Double, 2019）。Anckarsäter（2010）早提醒我們精神醫學的分類與環境或遺傳因素、實驗室研究、治療效果並不符合，在制定政策和法例時必須留意背景因素，不能只依賴專家就醫學、個體的精神或性格提出的意見。後精神病學（Postpsychiatry）致力注視貧窮、失業等社會情況造成的不利現象、社會排斥與精神健康的關係，環境（context）、價值觀（values）及協作關係（partnership）備受重視。（Bracken & Thomas, 2001）

Radley 及Billig（1996）提到人們描述健康或生病，都與健康信念（health belief）有關，健康信念不僅是個人對健康與否、有否染病、是否需要找醫生或服藥的私人（private）想法，也是社會建構的公共信念（public belief）。同樣，Glas（2019）指出精神醫學本身帶有價值觀念，主要是源於精神醫學一直以來對精神疾病的假設，塑造了醫生和病患的從屬關係及精神科實踐（psychiatric practice），背後的價值是透過觀察

和診斷，讓病患獲得最大的利益，重過正常生活。故此，人們（包括醫護人員）會按公共信念評價他們應該怎樣想，或是否健康；染病與個人的價值（worth）有密切的關係，除了是身心或精神不暢快之外，對個體價值和身分的評價亦會受到負面的影響。

例如庇護工場的社工司已嘗試很多方法希望阿星不要經常無故缺席，社工司形容阿星有能力在工場外工作，可並不熱衷，每週只工作三兩天便「失蹤」，可能一兩週後沒錢了會再出現。她期望在會談中我能「增強阿星的工作動機」。毫無疑問，社工司希望阿星不再被精神健康問題影響，再次擁有工作能力和動機，成為「正常」的個體。我好奇的倒是阿星的看法、他的個人經驗是怎樣的？與阿星的一席話叫我有很多共鳴，也敬佩他的智慧，以下記載了他的描述：

- 閱讀美國作家李察・巴哈（Richard Bach）的《天地一沙鷗》，人是為理想生存，那是吃和住，我認為最重要是健康，而影響情緒健康有好多因素。縱然智商高、好多錢，但情緒不健康會影響好多人。
- 在欄杆看到一隻小蟲在爬行，我把小蟲困在小圈內，牠會跳起離開困局。動物都有智慧，人其實都應該有智慧。不可以限制自己，但又要懂得限制，做事都一樣，得量力而為。
- 我喜歡抽煙，知道工作伙伴身體不適，那天我會選擇不抽煙，在共同空間不可扼殺別人，這是愛的表現……先要自愛，這是從書本學到的，你不自愛又怎會愛人。

- 人懂得多便會想得多，亂想，這個時候我會關燈睡覺，或外出吸收新鮮空氣、呼吸樹葉的味道、有貓咪陪伴、聽著收音機，便可悠閒消磨兩個小時。這天的消費只需10港元。這便是生活。

- 坐公車時我會留意沿途哪裡有公園、哪裡有休憩的地方，很隨意的。

- 是要為生活賺錢，如果不做那份工，做什麼？正常人、成年人應該工作。不工作不代表你不正常，只是你要求較低，少用錢就可以悠然一點，量入為出，但千萬不可以讓自己停得太久。

- 大雨天我會不睡覺，因為大雨後公園會有好多小鳥，有小鳥自然有貓咪，我享受這個寂靜時刻。貓咪好頑皮，不停地轉身打筋斗，像在告訴我哪處是牠的地盤。

- 其實是要停下來，不上班才可以做到。你天天上班，哪有閒情做這些？天天上班，急速，我特意走到人行道上，看見人飄得好快，長期高壓工作。你賺得幾千元幾萬元又如何？你沒了家庭生活、沒了與社會接觸。你做保安工作，工作十多小時，你沒了好的婚姻生活，因為你只認識幾個人。你不會開心，錢是多了，但生活質素不好、心理質素也不好。

- 接了一份工作，受了人家錢財，要盡力去做、態度要好，不能被投訴。我有一個好勝心，穿著你的制服，就是你公司一份子，我不要你公司有損失，要做好自己份內事。褪下制服便與你不相干，你不要騷擾我。

　　阿星消磨時間的方法、與小蟲小鳥貓咪為伴、享受寂靜、

隨意悠然的生活也是我工作多年嚮往的生活，多年來繁重的工作和壓力的確大大減少了我與家人相處的時間。阿星對觀察、學習的哲學讓我讚嘆，他對工作伙伴「愛的表現」、對工作的態度和「盡力去做」使我十分敬佩。他的一句「賺得10,000港元，便有10,000元的壓力」至今仍深深觸動我心扉。我們可以按成年人便要工作、工作是指五天的工作才是正常的公共信念去量度阿星選擇何時工作、如何過他享受的生活嗎？

## 敘事理念的貢獻

除了以上有關精神健康問題診斷的質疑之外，對於相信建構論述、社會公義的諮商師而言，精神論述的實證方法，將缺欠或病態放置於個人裡面是較為狹隘的科學，也阻礙了諮商師的工作（Strong, 2012）。傅柯（1982，頁216）提到「今天或許我們要做的並不是發現『我』是誰，而是要拒絕做這個『我』，……那個多個世紀以來加諸在我們身上的主體」（Maybe the target nowadays is not to discover what we are, but to refuse what we are… through the refusal of this kind of subjectivity which has been imposed on us for several centuries）。

White 及 Epston（1990）表示精神病學的分類和忽視精神健康問題出現的環境因素，降低個體影響問題及針對問題的可能方法。敘事理念讓我學習尊重個體的經驗、重視每一位的聲音、與他們共行和協作，呈現被遺忘的生活智慧和技巧，使來訪主角遺忘了的盼望、生活和偏好身分再現。與Bracken 及

Thomas（2001）建議注視個體經驗的環境、他的價值信念及彼此的協作關係不謀而合。

## 個人經驗

　　沒關係醫院那位不一樣的吳智往院長，在「治療」的過程，除了一些院友因困擾而出現嚴重情緒問題時會使用鎮靜藥物之外，他會因應院友、同事或同事家人的個人經驗設計另類處方。例如一位在戰場被迫殺害了無數兒童、受創傷壓力症候群折騰數十年的院友從來都無法離開醫院，縱使可以出院，第二天他便可能因為聽到汽車剎車的聲音或某些情境而彷若身在戰場，出現很大的情緒波動，再次踏進醫院。院長會跟他下棋，故意輸給他，有一天這位院友因吳院長的支持，找到離開的「一道門」，帶著信心離開醫院，院長送給他一雙球鞋，以便踏足他想走的路。

　　尚泰因為目睹母親被帶有蝴蝶針飾的女生殺害，每一年蝴蝶飛舞的季節他會見到或夢到蝴蝶，並有大吵大嚷的行為，尚泰此時得與弟弟搬到新環境居住。院長知道這位同仁的哥哥喜歡繪畫後，便聘請他為醫院內的一幅牆壁繪上院外的景色，邀請他為壁畫畫上蝴蝶。最後尚泰完成創作，院長沒有如期給他酬金，卻送予他一直努力存錢盼望得到的旅遊巴士，以便與弟弟不再不斷搬遷。這樣看來，沒關係醫院是讓院友暫時遠離困擾的處所，院長是發掘各人生活智慧和技巧、設計特別或另類處方的能手。同樣，敘事理念也是尊重每一位來訪主角的個人

經驗、發掘他們的智慧和盼望的能手。

## 重視來訪主角的聲音

Julie Downs，一位倡議聽力之聲網絡（Hearing Voices Network）的核心人士，在她的文章裡（Downs, 2003）描述Patsy Hage怎樣影響荷蘭精神科醫生Marius Romme成為這個網絡的先驅。Patsy回憶她用了約一年的時間說服Marius聆聽她聽到的聲音，而不是試圖叫她相信這些聲音並不存在。

你相信一位你從未見面和未有聽過祂聲音的上帝真正存在，為什麼你就是不能夠相信我確實聽到聲音？

Patsy的問句改變了Marius，他開始質疑以為已經熟悉的精神健康問題，並聆聽和尊重聽覺聲音的經驗，聯同這些被標籤為病友的人士發聲。

## 發掘似無還有

無論是還原理論（reductionism）、二元並存論（dualism）或是綜合論（integrative model）似乎都是為專家尋出問題的根源，以求對症下藥。對於眾專業一直以來為人類遇到的困境出力，我時刻帶著無限敬意。同時，多年來只集中探索問題故事、找出原因及解決方法、要求來訪主角改變或服食藥物，很多時候並未讓他們的生活有什麼不一樣。敘事理念背

後的後結構主義與我怎樣看待人和問題的生命哲學吻合，也讓我釋懷。它幫助我關注個人的經驗、對現實的演繹、生命的熱切、抱持的價值信念等。這些對我來說都是從因果關係、實證主義永遠不能達到的美好發現。

問題故事從來不能覆蓋個體生命經驗的全部，精神健康問題及它帶給個體生命的影響也只能是生命故事的一部分，只是硬幣的其中一面或者只是半杯水。除了讓來訪主角發聲，述說主流標籤的問題及其影響怎樣使他陷於泥濘霧霾之外，敘事讓我學會以雙重聆聽來訪主角帶來的雙重故事，與他一起找出與問題故事不一樣的脈絡，發掘似無還有，問題故事隱含的個人價值信念、盼望夢想（秦安琪，2021；White, 2000）。

## 共行與協作

隨著專家的權威逐漸減少，原來被動的精神醫學使用者變成經驗專家（experiential expertise），對其身體、徵狀、生活有豐富知識的肯定，是共同制定精神健康方案的協作者（co-producer）（Castro, Van Regenmortel, Sermeus & Vanhaecht, 2019）。

閱讀敘事精神科醫生Nacho Maldonaldo（2005, p.22）有關他與家人從古巴流亡到墨西哥，若干年後成為該國公民的經歷，他最後憶述故土人民的演說讓我很有共鳴：

**只要人們能夠積極創造自己的命運，那麼就不需要治療。**
（If people can simply become active in creating their own destiny there is no need for therapy）

Nacho相信個體的「積極」可以透過集體行動（collective action）及平等關係（equitable relationship）達成。集體行動中，人們有機會分享自身的經驗，各人類似的經驗和共同的主題連繫每一個人，促進「積極」創造的可能、呈現個人主權（personal agency）。

透過敘事實踐或敘事共行旅程，給予我們空間不用再量度是否正常或達標，拒絕成為「完整」（wholeness）、「完全」（proper）的人，過程讓我們遠離完整、完全和自我壓制的圈套，再現個人遺失或遺忘了的生活智慧和偏好身分（Wever, 2015）。

杜維曲中心（1997）的「杜維曲中心精神健康社群計劃」在1992年開始時連繫了一群負有精神診斷的人士，工作人員以挑戰不公義和貢獻被排於邊緣的社群的生命為己任，透過對話和聚會，計畫成員尋獲他們希望的生活，並與他們的智慧和生活技巧重逢。

## 生活智慧技巧與夢想

專業人士塑造了「病患」的問題身分，可能忽略了他們並

未受到問題影響、勇敢和積極反抗問題，並得以活過來（survival）的故事，這些都是生命裡有關智慧技巧的引記。尚泰也是協助那位受戰爭創傷院友的功臣，一天他恰巧與剛離開醫院的這位院友在公車上，院友聽到聲音而大叫大嚷，把周圍的人都嚇跑了，尚泰緊抱和安慰蜷縮在地上的院友，直到救護車到來。事後，尚泰驕傲地告訴每一位他遇見的人，描述他在過程怎樣陪伴院友，院友亦終於能夠走出內疚和罪惡感的陰霾。阿星的智慧亦長期被忽略了，難道這些只是我對他們經驗的主觀演繹？

精神科醫生SuEllen Hamkins（2005）指出敘事外化對話於精神學的元素：

- 讓人看清綑綁他的問題
- 發掘、增強及擴展個人抵擋問題的智慧和技巧，包括智慧技巧的歷史
- 同盟及資源
- 發展與價值信念、盼望夢想一致的另類故事

敘事理念和敘事對話開拓空間給予了來訪者重寫生活和重塑個人身分的機會（Wever, 2015）。在諮商的共行旅程，來訪主角的生活經驗和偏好是對話的重點，他們的生活除了精神健康問題的單一面向，也包含浮動（fluid）可變的關係，及他為生命盼望行走的每一個細小步伐，讓他們找到生命的意義、拒絕被權力壓制和問題綑綁、擁抱從前和新發現的偏好生活和偏

好身分，還有是延伸到未來的偏好生活故事，活出希望的精彩
人生。

　　接下來的每一篇文章，我們有幸陪伴和見證遇到精神健康
問題的兒少、成年人和長者發現不一樣的生命故事，與他們共
行的旅程也為我們的生命添上色彩！能夠與您分享這些禮遇
（privilege）是何等的榮幸。

## 參考文獻

American Psychiatric Association（2017）. *Cultural concepts in DSM-5*. Available at: APA_DSM_Cultural-Concepts-in-DSM-5.pdf

Anckarsäter, H.（2010）. Beyond categorical diagnostics in psychiatry: Scientific and medicolegal implications. *International Journal of Law and Psychiatry*, 33, 59-65. http://doi:10.1016/j.ijlp.2009.12.001.

Armstrong, P.B.（2019）. Neuroscience, Narrative, and Narratology. *Poetics Today*, 40（3）, 395-428. DOI 10.1215/03335372-7558052

Beaudoin, M.N. & Zimmerman, J.（2011）. Narrative therapy and interpersonal neurobiology: Revisiting classic practices, developing new emphases. *Journal of Systemic Therapies*, 30（1）, 1-13.

Bracken, P. & Thomas, P.（2001）. Postpsychiatry: A new direction for mental health. *BMJ*, 322, 724-7.

Cacioppo, J.T., et.al.（2007）. Social neuroscience: Progress and implications for mental health. *Perspectives on Psychological Science*, 2（2）, 99-121.

Caplan, P.J.（2011）. *When Johnny and Jane come marching home: How all of us can help veterans*. MIT Press.

Castro, E.M., Van Regenmortel, T., Sermeus, W. & Vanhaecht, K.（2019）. Patients' experiential knowledge and expertise in health care: A hybrid concept analysis. *Social Theory & Health*, 17, 307–330. https://doi.org/10.1057/s41285-018-0081-6.

Chen, J.Y., Eborall, H. & Armstrong. N.（2014）. Stakeholders' positions in the breast screening debate, and media coverage of the debate: A qualitative study. *Critical Public Health*, 24（1）, 62–72.

Cohon, C.I. & Timimi, S.（2008）. Introduction. In C.I. Cohon & S. Timimi（Eds.）, *Liberatory psychiatry: Philosophy, politics and mental health*（pp.1-8）. Cambridge University Press.

Connor, C., Rees, G. & Joffe, H.（2012）. Neuroscience in the public sphere. *Neuron*, 220-226. DOI 10.1016/j.neuron.2012.04.004

de Haan, S.（2020）. An enactive approach to psychiatry. *Philosophy, Psychiatry, & Psychology*, 27（1）, 3-25. https://doi.org/10.1353/ppp.2020.0001.

Double, D.B.（2019）. Twenty years of the Critical Psychiatry Network. *The British Journal of Psychiatry*, 241, 61-62. http://

doi: 10.1192/bjp.2018.18

Downs, J.（2003）. Partnership. *International Journal of Narrative Therapy and Community Work*, NO. 3, 18-21.

Druker, A.（2014）. What to do when a diagnosis doesn't fit? *International Journal of Narrative Therapy and Community Work*, NO. 4, 16-23.

Dulwich Centre Publications（1997）. Companions of a journey: An exploration of an alternative community mental health project. *Dulwich Centre Newsletter*, NO. 1.

Foucault, M.（1977）. *Discipline and punish: The birth of the prison*. Pantheon Books.

Foucault, M.（1982）. Foucault M. The subject and power. Afterword by Michel Foucault. In H.L. Dreyfus & P. Rabinow（Eds）, *Beyond structuralism and hermeneutics*（pp. 208-226）. Harvester Wheatsheaf.

Foucault, M.（1988）. Technologies of the self. In L. H. Martin, H. Gutman & P.H. Hutton（Eds.）, *Technologies of the self: A seminar with Michel Foucault*（pp.16-49）. University of Massachusetts Press.

Foucault, M.（1989）. *The birth of the clinic*. Routledge.

Freedman, J.（2019）. Feeling, thinking and action as a coherent whole: A reflection on 'Traveling down the neuro-pathway'. *International Journal of Narrative Therapy and Community Work*, NO. 3, 61-63.

Gert, B. & Culver, C.M.（2004）. Defining mental disorder. In J.

Radden（Ed.）, *The philosophy of psychiatry*（pp.414-425）. Oxford University Press.

Giotakos, O.（2018）. Clinical neuroscience and mental health: Filling the gap. *Dialogues in Clinical Neuroscience & Mental Health*, 1, 4-6. DOI: https://doi.org/10.26386/obrela.v1i1.2

Glas, G.（2019）. Psychiatry as normative practice. *Philosophy, Psychiatry & Psychology*, 26（1）, 33-48.

Hall, J.C.（2016）. A narrative case study of Hamlet and the cultural construction of Western individualism, diagnosis, and madness. *Journal of Systemic Therapies*, 35（2）, 1-13.

Holland, K., Blood, R.W., Pirkis, J. & Dare, A.（2009）. Postpsychiatry in the Australian media: The 'vulnerable' talk back. *Asia Pacific Media Educator*, 19, 142-157. http://ro.uow.edu.au/apme/vol1/iss19/13.

Lacasse, J.R.（2014）. After DSM-5: A critical mental health research agenda for the 21st century. *Research on Social Work Practice*, 24（1）, 5-10.

Link, B.G., Phelan, J.C.（2001）. Conceptualizing stigma. *Annual Review of Sociology*, 27, 363–385.

Lipchick, E.（2005）. Advances in psychotherapy. *Journal of Systemic Therapies*, 24（3）, 1–20.

Maldonalds, N.（2005）. Healing, politics and community action. *International Journal of Narrative Therapy and Community Work*, NO. 1, 19-22.

Mann, S.（2000）. Collaborative representation: Narrative ideas in practice. *Gecko*, NO. 2, 39-49.

Nowak, L.（2019）. Generic language and the sigma of mental illness. *Philosophy, Psychiatry, & Psychology*, 26（3）, 261-275.

Pickersgill, M.（2013）. The social life of the brain: Neuroscience in society. *Current Sociology*, 61（3）, 220-234.

Puddifoot, K.（2019）. Disclosure of mental health: Philosophical and psychological perspectives. *Philosophy, Psychiatry, & Psychology*, 26（4）, 333-348.

Radley, A. & Billig, M.（1996）. Accounts of health and illness: Dilemmas and representations. *Sociology of Health & Illness*, 18（2）, 220-240.

Strong, T.（2019）. Narrative therapy, neuroscience and socio-emotional discourses: Comments. *International Journal of Narrative Therapy and Community Work*, NO. 3, 64-67.

Varga, S.（2019）. Challenges to the Dimensional Approach. *Philosophy, Psychiatry & Psychology*, 26,（1）, 77-79.

Wakefield, J.C.（2006）. What makes a mental disorder mental? *Philosophy, Psychiatry, & Psychology*, 13（2）, 123-131.

Wever, C.（2015）. Beyond psychological truth: Deconstructing western deficit-oriented psychology and the co-construction of alternative psychologies in narrative practice. *International Journal of Narrative Therapy and Community Work*,（1）, 11-25.

White, M.（1995）. *Re-authoring lives: Interviews and essays.*

Dulwich Centre Publications.

White, M.（1997）. *Narrative therapists' lives*. Dulwich Centre Publications.

Wiberforce, M., Abendstern, M., Batool, S., Boland, J., Challis, D., Christian, J., Hughes, J., Kinder, P., Lake-Jones, P., Mistry, M., Pitts, R. & Roberts, D.（2020）. What do service users want from mental health social work? A Best-Worst Scaling analysis. *British Journal of Social Work*, 50, 1324-1344.

Yeh, M.A., Jewell, R.D. & Thomas, V.L.（2017）. The stigma of mental illness: Using segmentation for social change. *Journal of Public Policy and Marketing*, 36（1）, 97-116. http://dx.doi.org/10.1509/jppm.13.125

# PART 2

# 兒少的經驗

# 心魔不可消滅但可以超越

謝杰雄

## 前言

　　7歲的志明跟著媽媽來到中心，他一手拉著媽媽衣服的下擺，一手拿著心愛的玩具車，他今天的任務是要與中心的輔導員見面。志明與一般的小孩無異，同樣喜愛吃甜點、看卡通，閒時也愛與妹妹一起玩耍。但由於焦慮及緊張情緒經常出現並影響志明，令父母感到十分擔心。焦慮除了讓他經常感到不安及易做惡夢外，也令他難與家人以外的人說話，不論在學校、才藝班還是探訪親戚朋友時，志明也不發一言，難與人暢所欲言。但回家後，志明卻會與父母說個不停，大談他的所見所聞。媽媽一邊談及志明的情況，一邊將大疊的心理及精神評估報告遞到輔導員手中。在報告中，志明被貼上了不同的精神科疾病標籤，例如「選擇性緘默症」、「社交焦慮」等等。

　　志明的類似故事在近年的前線工作中屢見不鮮，受精神健康問題困擾的兒童越趨年輕化，求助的人數也在逐年上升。為探討有關兒童精神健康與敘事實踐的課題，本篇文章將分為兩

部分。首先將會討論有關病理學論述為主導的社會標準，以及現今部分華人社會文化對兒童成長發展所帶來的影響。另外，將分別以三個不同的兒童故事，分享如何運用敘事實踐於兒童的精神健康工作上。

## 病理學論述的影響與兒童精神健康

兒童的成長發展往往是家長最為關心，不少家長的願望是希望孩子能夠健康、快樂、聰穎。倘若在成長過程中發現偏離一般正常或大眾主流認同的成長軌跡，便會尋求不同專家的協助，以便及早提供治療，不難發現這些取向與病理學論述有著很大的關係。現今世代，不同的專家們也會為兒童成長各方面制定正常的規範與標準，藉此能夠及早辨識有需要的兒童，並透過盡早的介入及治療，讓兒童能夠克服在病理上的缺陷，令問題得以矯正及改善，以最終能夠返回正常的標準為目標。這種找出問題並進行矯正的方向，既是社會中的主流標準，亦成為家長的期望。

近十至二十年間，評估的風氣變得更為興盛。心理學界亦積極發展出新的評估工具，以便能夠更早識別出不符合正常標準的兒童。例如韋氏兒童智力量表由以往只供6歲以上的兒童進行智力評估，現在已推出幼兒版本。有時候，因著評估的普遍性，前來見面的兒童也早已貼上不同的標籤，這些標籤往往也成為了兒童與家長的主流故事。同時間，越來越多兒童被評定有某種心理問題或疾病。診斷結果往往也會與社會資源有著

直接關係，要得到某些實質支援或學校的諒解，兒童便需要有某些診斷報告。這種將病理學論述融入於結構中，使評估的風氣更加熱烈，也促使人多從精神病的角度看兒童在生活中遇到的困難。

## 華人的社會文化與兒童精神健康的關係

在探索兒童精神健康與社會文化的關係時，不難發現教育佔據著十分重要的地位。普遍的主流社會，高等的教育程度與優良成績賦予了人不同的優越性與出眾的身分。周祝瑛及錫東岳（Chou & Spangler, 2016）在編著《全球化時代中的華人教育模式》一書中，總結了各地華人教育模式的發展，並同時比較各華人區域的教育特色。當中包括傳統文化與家庭重視教育、以考試制度選拔人才、教師地位崇高、家長及社會氛圍多重視教育、成績優異對升學考試與社會用人制度上的優勢等等，當中便闡明了教育對華人的重要性。

因著社會對教育的重視，配合傳統望子成龍的心態，近年也出現不同的論述，例如：「贏在起跑點（線）。」這些論述往往推動家長為孩子安排不同的課程、遊戲班、學習預備班等等，務求讓孩子學得更快、更廣、更多。不少家長也會渴求名校的學額，希望盡早推送孩子到名校接受最好的教育，為孩子奠定良好的根基。這種追求成功的方程式不斷被複製在不同的兒童身上，但因各兒童的成長發展不一，若只追逐主流成功的單一標準與形式，往往會為部份兒童製造相當大的壓力場景，

有些兒童更會內化這些主流標準與論述，當中衍生的焦慮情緒對兒童有著不同的影響。就像8歲的美兒，自幼時父母已安排她升讀區內的名牌小學，面對成績上的成敗得失，她看得十分重要，學業成績更成為她在生活上的主流故事。每逢考試測驗的季節來臨，焦慮的出現總會令美兒失眠及感到身體不適，頭痛、肚痛、嘔吐不適相繼出現。漸漸地，焦慮令美兒對上學也感到害怕。

若從病理學與主流論述的角度，會將問題看成是美兒的個人能力不足，未能符合學校的標準要求。將她看成是問題所在，貼上失敗者的標籤。相反地，敘事實踐取向往往引領我們從不同的角度出發，不再將精神健康問題歸咎於個人，而是嘗試解構個人所身處的環境、社會文化、制度、主流論述等等，讓人有機會重新檢視及界定所受困的問題，亦容讓敘述不同故事的空間，讓問題以外的故事、能力、智慧、身分得以呈現。

## 敘事實踐與兒童工作

與兒童進行輔導時，最讓輔導員感到困惑的是兒童面對提問，可能會回應「不知道、不想談」，甚或默不作聲、難以理解提問、對說話的輔導形式不感興趣又或者努力表現自己最好的一面希望能夠盡快完成面談。這時候我們需要考量以下幾個問題：兒童是以什麼身分進入輔導室？回答輔導員的問題對兒童有何意義？輔導員與兒童間的權力分配如何？我們如何回應這種權力差異？身為輔導員，我們有否覺察自己有著什麼優越

或特權（privileges）？語言的運用及傾談方式是否配合兒童的文化？我們是否有想以說話來溝通的期望與假設？這些假設是從哪裡來的？

有時候，當我讓兒童自由選擇他們喜愛的表達方式時，他們較偏愛用遊戲的方式說故事。遊戲是兒童較熟悉的語言，他們會選擇以玩具、遊戲、美術創作等途徑，敘說著他們的經驗、想法或感受。但當我們習慣以成人輔導開始時，對兒童來說是既陌生又難懂的方式；加上問題故事所賦予的問題身分，引致傳統的輔導手法未必一定適用於兒童。與兒童作敘事實踐時，往往也考驗輔導員對兒童文化的認識，按兒童喜好的臨場靈活變通，一個有趣、吸引的途徑，可讓兒童以其偏愛的方式與身分投入其中，探索不同的故事。

7歲的小鋒因焦慮、驚慌等情緒經常出現並影響了他的社交而被父母安排與輔導員見面。父母擔心他受焦慮的困擾越趨嚴重，一些小事也容易把他弄哭，個人顯得沒有自信。初次見面時，他對輔導員的介紹與提問表現得靦腆，笑而不語。為讓小鋒能夠以他感到最自然與舒服的方式參與，我讓小鋒自由選擇如何在遊戲室中渡過這次的面談時間。小鋒選擇在沙盤中透過不同的小玩具說著不同的故事。

故事中，一處繁榮的村落，突然被一條「兇惡火龍」襲擊，本來平靜的生活變得危機處處。在輔導員的訪問下，小鋒說著火龍對村民所造成的破壞與影響，還有村民面對火龍的心

情與反應。在小鋒的故事中,他運用了想像力及隱喻,創作了「兇惡火龍」。及後,當小鋒豐富地敘述他的火龍故事後,他為故事設想了多個不同的結局。小鋒選擇加入不同的英雄人物,協助村民趕走火龍,讓村落重獲安全。在火龍的故事,小鋒有主導權決定故事的方向,當中運用自己不同的智慧應對故事中的不同困境,不同的情節與結局,反映了故事主角的不同身分。雖然小鋒並未直接講述他在生活中的困難與故事,但在遊戲過程,卻會展現他的技能、智慧與能力感。在他講述故事後,我好奇地問道:「這個故事,有讓你想起其他故事或想分享的事情嗎?」這讓小鋒想起一次與家人到電影院看恐龍電影的經歷,由於電影院的音效及劇情,令他十分害怕但又不敢離開。這讓我們開拓了另一個故事的開展,有關他如何在既驚且怕的兩小時放映時間中堅持過來。

在上述小鋒的故事中,我們看到與兒童進行敘事實踐時,可以是富有趣味、天馬行空,有時候甚或剛進入輔導室,便已成為他們的幻想世界。他們也會借助遊戲或玩具,將困難與情緒外化出來。很多時候,兒童更希望其他人能夠看見他們的不同身分、能力與貢獻多於問題與困窘。在遊戲的過程中,他們更樂意展現這些部份。以下將與讀者分享三位主角的不同故事,介紹如何將敘事實踐融入於遊戲中,為主角在精神健康問題中帶來不同的可能性。

## （一）淺談以遊戲作外化對話

「人不是問題，問題才是問題。」（White, 2007）敘事實踐中的外化對話就是把人與問題分開，將問題看待成問題，而不是個人的問題。在過往與兒童的對話中，不難發現很多兒童也把自己看成是問題而走進輔導室。他們會說道：「爸爸媽媽說我脾氣壞，所以要來這裡。」或是「我經常不開心，讓所有家人都十分憂心。」又或是「我也不想這樣，但就是控制不來，頭很痛也睡不著，真的很沒用，改也改不了。」這種從內在層面對身分的理解（internal understanding of identity）與社會的主流運作模式有著很大的關係。傅科也曾追蹤其歷史至17世紀中期的西方文化，發現與社會上將不同人的分離實施（dividing practice）及常規化判斷（normalizing judgement）有關，而外化對話的實踐正與主流文化中所主張的不同，客體化的問題而非人的身分（White, 2007）。與兒童進行外化對話時，常常透過想像力及隱喻的方式，讓問題成為一個獨立的個體。懷特曾分享兒童能更容易以想像力及有趣的方式參與這種對話，他們往往表現得投入及喜悅，與因受困而生的無助感及無力狀況大相逕庭（White, 2000）。

### 小昭的故事

9歲的小昭就讀小學。有一次被學校老師嚴厲責罵後，被恐懼逼得透不過氣，恐懼影響到小昭，他經常重覆檢查作業，上課時也顯得提心吊膽，不敢再回答老師的提問。慢慢地，恐

懼更促使他開始抗拒上學。每到星期天，緊張感更大肆襲來，除了令小昭在夜裡經常哭泣，也會作惡夢。父母提及最困難的地方是在安排他回校時，每天早上家中也變成戰場，更令親子關係變得十分緊張。有時候，父母毫無辦法下，只能讓小昭偶爾缺課數天。父母曾諮詢精神科醫師，並診斷小昭有焦慮症。為幫助小昭克服困難，父母亦安排他接受輔導，希望能夠改善其情況。

首次與小昭見面，他隨著母親一起進入輔導室，他好奇地四處張望，利用眼睛認識房間。當我在介紹自己時，他也專心地看著，表現得乖巧有禮，靜靜地坐著並等待大人的安排。熱身過後，我提及希望對小昭有更多的認識。這個認識的過程，我讓小昭自己選擇，他可以決定讓母親一起參與，亦可以單獨與輔導員共處。敘事實踐是一個共建的過程，能夠賦予當事人決定對話的方向與安排的權利，減少一些理所當然的假設。最後，小昭選擇自己一個人參與餘下的部分。

按著小昭對輔導室的好奇，我向他介紹了房間內的不同小玩具、手偶、藝術用品或遊戲包等等。我對小昭表示，這些玩具或遊戲設置可以幫助我們分享、溝通、表達及認識，如果他想的話，可以一起玩或使用。對某些兒童來說，單靠語言來表達較為困難，不同工具的設置，將提供更多的選擇，讓他們用自己偏愛的方式來說故事。接著，我與小昭談起他的不同生活部分，包括家庭、朋友及學校等等。就著校園生活，小昭也主動談及上學的擔心，特別曾經被老師責罰的經歷。

輔：你剛才提及了學校的事件，你會如何形容這些經歷？

昭：嗯……不開心。

輔：不開心！你想分享多一些嗎？

昭：以前的不開心很大，近來它好像少了一點。

輔：我很好奇，這個「不開心」是什麼樣子？它會是什麼顏色或大小？如果你需要的話，可以將它畫下來，也可以利用黏土製作它的模樣，甚或你想從不同的玩具中找尋與它相像的影子也可以。

　　小昭想了想，在美術用品中找到了一些黑色的黏土，拿了想用的份量便埋首製作。五分鐘後，他將較深色的黏土混在一起並搓成了乒乓球大小的球狀。我邀請小昭為他的作品命名，他稱那是「心魔」。按著外化對話地圖，我與小昭一起認識這個「心魔」，讓「心魔」的故事慢慢呈現。以下是在對話中，曾經使用的問句：

・這個心魔，從那時開始出現？還記得第一次相遇它時，發生的情景嗎？

・有沒有什麼時候，心魔的力量會強一些？又在什麼時候，它的力量會較弱？

・它通常在什麼地方現身？

・自從心魔出現後，對你帶來了什麼影響？

・有沒有什麼人，也察覺到它的存在？或看得見它的影響？

・你猜想心魔有著什麼目的？為什麼它要一直待在你的身邊？

・這些影響是你想要的嗎？為什麼？

• 這段時間裡，你又用了什麼方法應對心魔？

外化對話讓人與問題分開，產生了對話的空間，讓輔導員與小昭一起好好認識相關的故事，特別是心魔與小昭的互動經驗。在外化對話的過程中，小昭突然想起一句說：「心魔雖然不可以消滅，但是可以超越。」這是他希望與心魔重新調整關係與位置，並漸漸奪回生命的主導權，特別是那些他不想被心魔破壞並感到重要的生活部分。我好奇問及這句說話的由來，他笑著表示是從近來的電視劇集《降魔的》[1]（2016）中學習得來。

參考White（2007）曾經訪問年青人Jeffrey與AHD的故事，在第二次見面時，我向小昭表示過去也曾遇見一位男孩，他同樣將「不開心」的面貌畫了下來，看看小昭是否好奇想看看，小昭表現得既驚且喜，對這提議表現得十分雀躍。我便從櫃中取出一盒紙箱。正當小昭目不轉睛看著紙箱的時候……

輔：噢！它在震動，想逃走出來。救命！（我一邊拿著正在震動的紙箱，一邊從梳化跌坐到地上）

昭：我們不要讓它出來。

輔：可以怎麼辦？它震動得越來越烈！

（小昭跑到玩具架，並迅速地尋找東西。最後取了一些微

---

1　《降魔的》是由香港電視廣播有限公司於2016年播放的電視劇集。

型火炬、警察及運動用品等玩具。）

昭：我們可以將這些放進去，應該可以阻止它離開。

　　（小昭一邊解釋，一邊從紙箱的隙縫中，將所選的小玩具
　　放進去。）

輔：小昭，它好像平靜了一些，你成功阻止它了！

昭：不如我們再放些石頭在盒上，也在盒外貼上眼睛，這樣便
　　可以時刻監察著它。

　　這次的互動，帶動小昭臨場採取了行動回應。這些實際行
動讓小昭展現了另外的面向，不再單是被動的角色身分，而是
作了不同的策略阻止問題的現身及拯救了我。另外，這亦提供
了機會讓我們談談如何回應「心魔」的影響。小昭分享了他曾
經在上學前的時間，應用了一些方法阻止了「心魔」現身。我
亦為他記錄了這些策略與方法，成為了重寫故事對話的入口，
故事亦由「心魔」漸漸返回到小昭的身上，他表達了不想讓
「心魔」破壞他努力的決心。

　　小昭的故事讓我體會到與兒童進入外化對話時，可按兒童
的不同文化與喜好進行，並不一定局限於說話上，更可以擴展
以不同的形式、活動或遊戲來演繹問題或生命故事，讓兒童以
多元化的途徑體驗，讓這些新故事與可能性變得更立體。

## （二）運用繪本故事於重組會員對話（Re-membering conversations）

傳統的病理學論述及現代心理學分別主張分離焦慮與兒童的個別非理性思想、父母的管教模式或親子間的依附關係問題有關。要改善分離焦慮的情況，便要著手改變或修正兒童及父母的想法與行為。但從敘事實踐的取向與這些家庭談話時，卻會發現很多不同的故事脈絡，特別是兒童與他人的重要關係連結，包括「分離焦慮」所反映的哪些是兒童重視的關係？這些關係有何歷史故事？在關係中，兒童所珍惜及重視的又是什麼？它們會在其他時間、地方或關係出現嗎？如果有，那又會是什麼故事？這些重要或珍惜的東西，對兒童或父母帶來了什麼不一樣的影響或轉變？有人發現這些轉變嗎？如果在成長中，能夠繼續帶著這些重要的東西生活，兒童／父母的未來又會是怎樣呢？

敘事實踐中的重組會員對話（White, 2007）正提供一個空間讓兒童可以敘說當中的關係與故事。它讓主角有目的地重新接觸自己與重要他人的關係，藉著回顧當中的歷史與故事，探索彼此間的相互影響與貢獻，在關係中重新發現自己的不同身分與自我面貌，發掘更多應對困境的可能性。

### 美真的故事

8歲的美真就讀初小三年級，她由父母陪同與輔導員見

面。美真很愛看書，每次到總會帶著數本圖書。見面後，她總會跟父母嚷著要到附近的書局逛逛。父母形容與美真的關係十分親密，但最令父母擔心的是美真不容易與他們分離，尤其是每天早上的上學時間。面對與父母的分離時，擔憂便油然而生，例如擔心家人會發生意外或是會遇到無法處理的事情，擔憂令美真希望能夠常常待在父母身邊。近來的早上上學時間，美真經常表示身體不適，如頭暈、肚痛，要求父母替她向學校請假。經醫生檢查後，卻找不出任何病因，懷疑為分離焦慮的問題。因著問題的影響，令美真開始出現缺課或經常申請病假的情況。

繪本是兒童十分喜愛的讀物，不同的繪本主角也有其獨特的故事與經歷。若以繪本故事作媒介運用於兒童輔導工作時，往往透過主角的故事，讓兒童從中產生共鳴，看見與自己相似的經驗、感受與渴望，並從故事的認同及情感抒發中，為兒童帶來新的發現或啟發（香港小童群益會，2014）。這個過程讓我聯想到敘事實踐中的社員見證會，從聆聽別人的故事，為聽眾帶來印象與共鳴，並回想起自己故事的部分，從中帶來對自己生命的推動。故驅使我的好奇心，嘗試將繪本與敘事實踐相結合。

繪本與敘事實踐結合的重點，在於讓兒童對繪本故事有所共鳴，並從中引申探索自身不同故事的可能性。共鳴點可以與問題、經歷、渴望、感受、價值、夢想等等相關。而繪本的選取可以有兩種方法，一是邀請兒童帶同其喜愛的繪本故事作分

享，減少輔導員的權力與主導性。第二種方法是由輔導員挑選繪本故事讓兒童作選擇。此方法需要對主角的故事先有所了解，同時也要對不同的繪本故事有著一定的認識。

在一次與美真的晤談中，我向她分享曾閱讀一些繪本故事，當中的來訪者也曾遇上與她相類似的煩惱，看看美真有否興趣了解那些故事。最後，她同意我選取了繪本故事《隱形的線》（The invisible string）（Karst, 2018）與她分享。美真對此提議感到十分雀躍，迫不及待拿起繪本故事書。為讓輔導員能夠保持去中心但具影響力的角色，希望整個過程也讓美真有自由選擇的空間，包括她可以選擇看與不看故事書；可以決定由她自行閱讀、由我閱讀、或是我們一起閱讀。最後，美真選擇了與我一起讀著故事。

《隱形的線》講述主角有天晚上突然被打雷聲吵醒，感到十分驚慌並哭著走到父母房間找媽媽。媽媽向她講解每人都有一條「隱形的線」，這條線會將生命中重要及互相關心的人連繫起來，不論對方身在何處、發生什麼事情，即使飛到外太空，潛到海底深處，又或是進入原始森林，這條「隱形的線」也會緊緊地與主角連繫著。這條線賦予了主角安全感，讓她能夠安心的睡覺，造著甜美的好夢。說過故事後，我邀請了美真想像這條「隱形的線」也在她的身邊存在著，並正與她感到重要的人連繫起來。我隨著問道：「如果妳也有這條隱形紅線，妳猜猜它會將妳與那些人連結起來？」美真利用了畫紙與筆，將她感到重要的人物畫了下來，並以紅線連接著，從家人、同

學、朋友到卡通人物及寵物等等。過程中，美真雀躍地將其生命會員一一記下，邊畫邊介紹這些人物，這便開始了一段重組會員對話。

美真分享了她與學校內兩位朋友的故事。透過重組會員的對話方式，藉著探索當事人生命中與其他重要他人的故事，來開啟不同的可能性。這兩位朋友是美真的同班同學，他們在小三時開始熟絡。在下課或午餐時間，他們也會聚在一起。美真表示他們經常一起進行「扮家家酒遊戲」。一談起遊戲的過程，美真滔滔不絕地解釋他們的遊戲規則，每人分配扮演不同的角色。同時，美真也分享與這兩位朋友相處的點滴，從遊戲談到學習與旅行，也有互相幫忙、照顧與鼓勵的時候。那次的對話，我與美真從挫敗與焦慮的故事，漸漸擴展到她與朋友間的關愛及包容的故事。以下是部分輔導員在過程中探索重要會員及其故事的問句：

- 這條隱形的線，將妳與不同的人連接著。有沒有哪個人妳想特別分享？（**辨識重要會員進入對話**）
- 可否分享一些他們的故事，讓我更認識他們一點？你們是怎麼認識的？你們在一起時，令妳最深刻的事是什麼？（**敘說這位重要會員的故事**）
- 為何妳會這樣重視／喜歡／珍惜與他們的關係？（**探索重要會員與主角間的關係及其意義**）
- 自從認識他們後，對妳的學校生活有了什麼不同？或對妳有什麼改變？（**探索重要會員對主角的生命所帶來的貢獻及影**

響）

- 妳那麼喜歡他們，妳會如何表達給他們知道？（**敘說主角對重要會員的影響**）
- 若他們知道妳這樣珍惜這段關係，他們會有什麼感受或反應？（**敘說主角對重要會員的影響**）
- 如果他們知道原來妳從他們身上學習了很多，妳猜想他們會有什麼反應？對他們又有什麼影響？（**探索主角對重要會員的生命帶來的貢獻及影響**）
- 若他們知道妳每天也堅持回到學校，為著與他們在一起，妳猜想他們會對你說什麼？在他們眼中，會怎去形容美真妳呢？（**在敘說主角與重要會員的相互影響後，進一步探索如何建構主角的不同身分**）
- 剛才我們一起分享隱形線中的不同人物與故事，對妳要獨自應對上學這件事會帶來什麼影響／幫助／學習？（**探索重組會員對話對主角的生命所帶來的推動**）

　　對美真來說，她所敘述的困難不是分離焦慮，而是對父母的掛念。藉著繪本的故事與重組會員對話，讓她有機會重新論述其生命中重要成員的關係與故事、看見自己對他人的貢獻，並帶來不同的身分。這讓美真的故事不再只關於分離，而是變得更豐富，亦發現自己如何與人保持關係的策略及方法。

　　繪本故事是一個有趣的工具，是兒童所熟悉的語言，容易讓他們投入及明白。在美真的故事中，藉著繪本故事主角的經歷，配以繪畫的活動，將美真與其重要他人的關係立體地呈

現，好好回顧生命中的不同會員，透過回憶那些深刻的故事，重新建構自己的身分認同。除此之外，一些兒童也會將故事中的主角化成自己生命中的重要會員，因生命會員的概念並非單單局限於身邊的人物，也可以包括寵物、漫畫故事中的角色、偶像明星等等。曾經有位兒童，他將《七龍珠》中的漫畫角色成為自己的生命會員，並承傳角色那份堅毅不屈的精神，應對當前的困境。

## （三）從解難遊戲中探索新的故事入口

White（2006）提及沒有兒童是創傷的被動接受者。同樣地，當兒童面對精神健康問題時，他們也會嘗試作出回應以減低問題帶來的負面影響。這些對問題的回應，不單只反映兒童本身的智慧與能力，也同時反映兒童在生命中所重視及寶貴的東西。解難遊戲便提供一個機會讓兒童在安全的環境中，展現他們的智慧與能力。遊戲後的解說時間，輔導員更可訪問兒童在過程中曾對困難所作出的回應，由意圖層面理解（Intentional understanding）這些行動，從中探索新的故事入口。

### 小輝的故事

10歲的小輝與父母及弟弟同住，他自小成績及操行表現優異，甚得父母愛戴，但最近因受到焦慮與壓力的困擾而尋求輔導。據小輝分享，問題於去年學校的中期考試開始出現。它不單影響了小輝的情緒，嚴重時甚至有拔毛的情況出現。慢慢

地，由最初的頭髮變為眉毛。現在的小輝，驟眼看下，兩邊眉毛也沒有了。經醫師診斷後，排除了生理上的原因，表示這應與壓力有關。父母曾嘗試不停勸說或運用獎罰方法，似乎也未能改善問題。壓力問題似乎不單影響了外觀，也同時影響到小輝在學校與同學的關係及學業成績，連親子關係也變得緊張。

與小輝見面時，他不喜歡別人討論太多關於他眉毛的情況。父母多次在他面前表達的關心，小輝也感到有點不耐煩。這或許正不斷提醒小輝的問題身分，而「不耐煩」也許是對這個問題身分的一點抗議。經過數次單獨見面後，我與小輝已建立了一定的關係。他喜愛遊戲及挑戰不同的難關，對構思遊戲的方式與玩法更有一大堆點子。故此，我便特別為他安排一間較大的房間，小輝會利用房間內的設備佈置不同的挑戰關卡，包括穿越細窄的小隧道、越過攀爬梯、在健身球上保持平衡並完成特別小任務、一邊跳彈床一邊向目標物投擲豆袋、以有限的軟墊設計行走路線通往終點等等。有時候，小輝也會要求我為他設計一些具有挑戰性、冒險的遊戲，讓他從中接受挑戰，同時也會邀請我參與其中。

每次完成遊戲後，我也與小輝坐下並分享剛才成功挑戰的不同策略。從行動層面到意向層面，到探索當中的不同故事與身分。以下是部分輔導員曾應用的問句：

· 在進行活動的過程中，有什麼特別／深刻／難忘的經驗嗎？當時有什麼感受？

- 我看見你在進行那個挑戰時，嘗試了很多方法，縱使未能成功，但你都未有放棄，繼續嘗試。你想分享那個經驗嗎？
- 你提及也會擔心完成不了任務，又是什麼讓你堅持下去？
- 在生活中有沒有一些目標或事情，同樣是你想堅持下去不想放棄？
- 在回想整個活動的過程，是什麼東西讓你能夠成功完成？
- 在剛才的活動中，你發現了自己擁有什麼能力？
- 你是從哪裡學會這些能力？你是否有想起關於這些能力的故事嗎？
- 在過程中，你感到最回味／最寶貴的是什麼？
- 你說過在過程中，曾想起「總會有辦法」、「至少有盡力」，你想分享更多關於這兩個想法嗎？
- 你是從哪裡學懂這兩個想法？它們有幫助你應對生活中的其他困難嗎？
- 在活動時，當我從健身球跌下的一刻，我看見你也很關心我的安全。你想分享一下這段經驗嗎？
- 在生活的其他時候，「關心別人」這份特質是否有出現過？那些故事是怎樣？
- 能夠對他人表達關心，你覺得怎樣呢？這符合你對自己的希望嗎？
- 回想剛才的遊戲及所分享的故事，你欣賞自己的地方是什麼？你又會如何形容自己呢？（有時候，我會預備一些圖卡，讓兒童從中尋找合適形容自己的圖像。）

　　當小輝分享了更多自己偏愛的故事與身分後，我便有機會

詢問他從剛才所發現的能力、重視的價值、信念，曾如何幫助他應對正面臨的問題。透過發掘及豐厚不同的故事，讓小輝能以新的身分去訴說其困難及問題的影響，他也較容易分享應付壓力的經驗與策略，還有他對個人生活與家庭關係的期盼。在之後的面談安排中，小輝也有機會透過不同形式的敘事檔案及社員見證會，與家人及其他重要他人分享他的故事、信念與盼望。這個過程讓小輝與家人嘗試改變以往的生活模式，並以彼此重視的家庭關係為共識基礎，親子相處的活動時間也比從前多更多。

## 總結

在本章節中，分享了小昭、美真與小輝的故事。他們不約而同受著不同的問題所困擾，我嘗試以遊戲的方式與他們進入敘事對話。在這個安全及可信的對話空間內，他們有機會運用語言重新敘述所困擾的問題，並不再限制於那些精神病的診斷標籤。在閱讀懷特（White, 2006）有關兒童創傷的文章時，提醒了我一些重要的對話原則。第一，我必須留意如何讓兒童重新定位（re-positioning）並賦予安全的對話空間。遊戲是其中一種我慣常的做法，以實踐這種重新定位。因兒童才是遊戲的專家，透過遊戲，兒童便自然地從問題轉變到其他的不同身分。第二，提醒自己要小心在對話中避免讓兒童經驗二次創傷。事實上，有機會讓兒童敘述其問題經驗也是重要，但如果能夠支持他們運用自己舒服的語言，並在喜愛的身分及個人主權（personal agency）下分享經歷，這樣有助於對抗在分享經

驗過程中可能出現的「羞愧」、「無助」、「自卑」等等。第三，與兒童進行敘事對話時，特別教導我更加需要留意個人的權力高低，這份權力可能來自於年齡、地位、知識，甚或身高大小與兒童的差別，要陪伴兒童找到美好的自己並進入他們生命故事的各種入口，尊重兒童的意願及步伐十分重要。

## 參考文獻

周祝瑛（2017）。全球時代中華人教育模式」的探索歷程。**臺灣教育評論月刊**，6（3），99-109。

香港小童群益會（2014）。**繪本閱讀治療**。愛捷印刷（亞洲）有限公司。

Chou. C.P. & Spangler, J.（eds.）（2016）. *Chinese Education Models in a Global Age.* Springer.

Karst, P.（2018）. *The invisible string.* Little, Brown & Company.

White, M.（2000）. Children, children's culture and therapy. In *Reflections on narrative practice: Essays and interviews,* pp. 3-24. Dulwich Centre Publications.

White, M.（2006）. Children, trauma and subordinate storyline development. In *Trauma: Narrative responses to traumatic experiences*, pp.143-165. Dulwich Centre Publications.

White, M.（2007）. *Maps of narrative practice.* W.W. Norton.

# 腦朋友大聯盟

黃穎琴

## 進入孩子的世界

在現今充滿競爭的華人社會，普遍中小學生及其家長都受著「贏在起跑線」、「唯有讀書高」的社會主流論述影響，在學業上都要追求品學兼優的成績，學業壓力成為最困擾學生的問題。曾經有一位孩子向我表示寧願自尋短見，也不想應付繁多的功課及回校上課，聽後不禁慨嘆為何「學習」變得這麼沉重。社會主流論述亦容易影響家長跌入診斷的觀點──孩子可能受「焦慮症」、「注意力不足過動症」、「讀寫障礙」、「衝動性太高」等影響，結果墜入「矯正與修復」的陷阱，以致狹窄了彼此對話的空間，家長與孩子經常角力與爭執，令關係變得緊張，根本沒有時間及心情去遊玩。

面對困難及挑戰，孩子不知如何是好，唯有選擇逃避；面對情緒起伏不定的孩子，父母也不知所措，只有繼續要求孩子跟著自己的方法一步一步向前走。每個人都具有自我修補的能力，但因著太多的限制，令自癒能力漸漸消失，甚至受焦慮情緒所困擾。正如White（1990）所指這些「充滿問題的描述」

（problem saturated description）往往呈現為「家庭生活的主線故事」（dominant story of family life）。

## 大聯盟的出現

在敘事實踐中，社群工作的信念發展多年，在不同的團體中發揮了重要的改變。Denborough（2008）曾表示巴西的教育哲學家保羅・弗雷勒（Paulo Freire）是他其中一位啟蒙老師。弗雷勒批判新自由主義（Neo-liberalism）下的教育，令老師、學生和家長在服從於經驗增長下，成為裝備謀生技能的教育制度下的受壓迫者，學生容易失去批判思考，盲目服從權威，在體制下被壓得無力反抗。這亦正是我在小組內發現孩子及其家長所面對的狀況，他們被壓得對自己失去信心、失去希望。敘事實踐的社群工作便是針對這種「絕望」的狀態，提供一個平台讓他們可以敘說自己的故事，發掘大家的智慧、能力、技巧、信念和盼望，互相支持和鼓勵，爭取更大的發展空間。讓個人或群體把他們的能力、信念、價值觀、夢想和期盼跟其他有類似經驗的組群分享，讓大家就困境及應對取得共鳴，更能讓個人或群體有機會為其他人作出貢獻，加強能力感。

是次進行的敘事實踐社群工作兒童小組，招募了六位受著焦慮、抑鬱等情緒困擾的高小學生，他們都有著不同又相似的狀況。我曾經由青少年服務轉到另一單位擔任輔導工作，有機會接觸3～11歲的孩子。當時發現孩子有著跳躍式的思考與表達方式，與青年／成人的溝通及表達模式非常不同，他們不容

易用語言表達所面對的困難。作為輔導員的自己也要重新調較及學習，所以在設計這個小組時，會引入藝術的手法與孩子對話。在小組招募及面試時強調這不是繪畫班，亦不是比較誰畫得最好，不用批判美與醜。透過創作，分享及聆聽別人的生命故事，收集彼此的智慧，建立聯盟。孩子了解小組內容後，均表示有興趣及願意出席。

## 貼近孩子的語言

若孩子可以選擇，他們都希望以好玩的方式與別人接觸。然而，在日常的生活中，孩子經常要面對與「成人」嚴肅地討論或要有條理地解決問題。敘事實踐中，與孩子接觸就要放下一些「成人」的標準，要敏感，他們都有其獨特的對話形式與方法，才能找到入口進入其精彩美妙的世界。所以在小組活動安排上盡力貼近孩子的興趣及特性，好讓他們的能力、知識及創意得以發揮。

在小組內容設計上，我運用孩子的偏好、充滿想像的遊戲及趣味，以藝術手法，再以敘事實踐的方向讓孩子說出自己的故事。在場地安排上亦放棄了要「排排坐、圓圈坐」的方式進行。記得當時諮詢了組員的意見，他們一致推舉「坐在地上、睡在地上」的安排來聆聽彼此的故事。孩子們率性、好玩的特質表露無遺。

小組的第一節，運用了當時孩子較熟悉的電影《腦筋急轉

彎》（Inside Out）¹的主角——阿樂（Joy）、阿愁（Sadness）、阿驚（Fear）、阿燥（Anger）作為對不同情緒的比喻，並製作了貼紙，讓孩子貼上在成長階段中曾經出現的「腦朋友」，共同創造了一個「穿梭腦朋友」的社群敘事時間線（collective narrative timeline）（Denborough, 2008）。

　　「這幾位朋友何時來探訪過你？發生了什麼事？」

　　我邀請孩子分享當中的故事，孩子都踴躍舉手分享與「腦朋友」的經歷、往事。有一位組員，在幼稚園開始每年都貼上四位「腦朋友」，他表示這幾位「朋友」經常在其生命中出現，有時都會覺得很累，而且得不到家人的理解。當問及「不被理解」如何影響他時，他指著「穿梭腦朋友」的時間線並表示「阿愁」與「阿燥」便會走出來，接下再述說「阿愁」與「阿燥」出來後發生的事件。在這一個平台，組員有機會說出自己的故事，建立了彼此分享的意願，成為彼此的觀眾。

　　把抽象的「情緒」外化及擬人化，彷彿它們也有自己的生命，更被具體化。在敘事實踐中強調人不是問題、問題才是問題，外化對話把問題和人分開，讓當事人站在不同的位置與問題對話。「在這外化過程中，問題變成獨立的個體，與人分開

---

1　《腦筋急轉彎》**(Inside Out)** 是一套由和路迪士尼在2015年製作及發行的動畫電影，美國於2015年6月19號上畫。故事講述主角腦內五個情緒的角色：阿樂、阿愁、阿燥、阿憎、阿驚（臺灣翻譯為樂樂、憂憂、怒怒、厭厭、驚驚）。

了，問題因而得以脫離原本被認定為是問題的人或關係之外。問題從原本被視為屬於人或關係內在、不易改變，透過外化而變得較容易改變、比較不束縛人。」（麥克‧懷特及大衛‧艾普斯頓，2018，頁82）

小組的第一節，孩子在很有能量的狀態下分享與「腦朋友」的關係，自己重新成為自己生命的主角，創造了組員之間及與工作員之間的信任及合作關係，建立了彼此分享、聆聽別人故事的意願。把原本只是一條直線的社群時間線變得更立體、更豐富。

## 貼近又好玩的隱喻

麥克‧懷特（2008）曾表示隱喻相當地重要，所有發展外化對話時所用的隱喻，都是從能夠激發生命與自我認同的特殊談話中借來的。這些對話影響人們解決問題時所採取的行動，甚至可以說這些對話形塑了生活的點滴。我參考「生命樹」（Denborough, 2008）的手法，創作出「身體掃描」作為隱喻。

「生命樹」是由David Denborough 及 Ncazcle Ncube共同創作並在南非的蘇圭圖-札巴胡（Soweto-Jabavu）開展（Denborough, 2008）。然而，香港地少人多，住在市區的孩子與樹木的關係甚疏離。故此，在設計小組內容時，會思考有什麼貼近孩子又好玩的隱喻。在思考過程中，深刻想起有幾位

孩子受焦慮影響，身體會出現不同的病症，例如：肚痛、頭痛、手抖，身體的毛病一直籠罩著孩子。我認為身體除了是「病痛」，其實也可以成為一個「遊樂場」。透過「身體掃描」去比喻個人成長的經歷，當中亦會發掘孩子生命中的能力、經驗、技巧、信念及盼望，對於自己的故事，當事人才是專家。

過程中，我邀請每位組員仰臥在一張巨型紙上，他們彼此協助把對方的身體外型勾勒在這張巨型紙上。身體每一部分都有不同的比喻（如下），邀請組員可以用不同的顏料及手工材料表達這個「自己」。

| 腳 | 你來自何處？跟誰同住？ |
| | 你最喜歡去的地方？ |
| | 從家人、學校、老師學到而又重要的事情？ |
| 身體 | 你有什麼技能及優點？ |
| | 這些能力對你有多重要？ |
| | 你懂得彈奏樂器？如有，是什麼樂器？ |
| | 你會照顧／幫助別人嗎？ |
| 右手 | 你有什麼貢獻？ |
| | 你幫過什麼人？ |
| 左手 | 有什麼人幫過自己？ |
| | 你最想多謝什麼人？ |
| 頭 | 你希望、渴望的是什麼？ |

以簡潔的問題好奇孩子的興趣、嗜好，讓他們有寬闊的空間去創作及分享自己的故事，發現他們的快樂及熱情所在，亦

發現一個他們偏好的故事、偏好的身分。這些問題以外的故事，可稱為另類故事（alternative story）（White & Epston, 1990）。

## 成為彼此的觀眾

在小組開始前，我刻意營造了一個說故事、分享素描的場景。說故事的主角會坐在小椅子、小桌旁，聽故事的組員會坐或仰臥在主角面前的軟墊上。軟墊旁，放上一些紙雕燈籠，圍著孩子營造氣氛。關上部分的燈，在有氣氛的環境下，主角選擇想向別人分享的部分。這樣舒服、自由又自在的安排，都是在第一節由組員提出的，當孩子的聲音被聆聽、被實現，興奮又滿足的心情就在他們踏入房間時淋漓盡致地展露。

小組成員過去實在被太多問題纏繞，亦被「問題」定了型，往往為了解決問題而忽略了表達自己的聲音，每當主角要出來分享他的身體掃描時，都帶著戰戰兢兢的心情。我帶著溫柔與耐性的態度，作為暖身開場白，先會關心他們坐在椅上的狀況如何，其後邀請他們選擇分享身體掃描其中一個部分，並陪伴組員在小組內能選擇自己想講的東西，成為自己生命的主人。孩子開始放下緊張，滿有勇氣地分享。我當時很驚訝地發現一旦分享開始了就像潰堤似的停不了，他們實在有很多經歷

想與人分享，故此要安排多一節時間才可讓每位組員有機會分享自己的故事。

有一位組員阿明分享他的「右手」——對別人的貢獻故事，他分享在假期時參加「農務」活動、種植的經驗。當時其他組員都很好奇農務是做什麼？阿明便細緻地分享耙泥、播種的經驗，有些組員未試過田園生活，紛紛表示長知識。

我好奇地問阿明：你怎樣看這個做農務的自己？
阿明：過程很辛苦、很勞累，出了一身大汗。但我沒有放棄，
　　　可以堅持到底，原來自己是一個堅毅的人。
我：這個「堅毅」在平日會出現嗎？出現時的你是怎樣的？誰
　　也會發現這個「堅毅」的出現？

這個「農務」事件及經驗不在主要故事線裡，它可被視為獨特結果（unique outcome）（White & Epston, 1990）。我從這獨特結果重拾被遺忘或少被談論的故事，同時亦把它作為切入點，進行重寫故事（White & Epston, 1990）的對話，再發展新的故事線。敘述這些故事的同時，阿明也建構了新的身分、新的認同。其實這些故事一直都在，只是被遺忘或沒有人聽過。說出來的時候，被聆聽、被懂了，便可以認回這個故事、認回這個身分。

另一位孩子，阿朗，分享他的「左手」——別人幫助他的故事。一年前因為腰痛要入住醫院做手術，在那段擔心又害怕

的經歷中,幸好有一位教會朋友幫助及支持他渡過當時的困難時刻。阿朗更帶來教會朋友送給他的毛公仔陪伴他分享。

我:如果這位教會朋友今天也坐在這裡,他會對你說些什麼?
阿朗圓圓的眼睛泛起淚光說:他會說「你好勇敢啊!」
我:他看到你的「勇敢」啊!那麼「勇敢」出現時的你是怎樣的?身體、表情有什麼變化?
我:你認為「勇敢」的出現對這位教會朋友帶來什麼?

之後,我們一起傾談關於「勇敢」的其他故事及對這位教友及其他人的影響。透過重組會員(re-membering)(White, 1997)的對話,這位孩子重新與這位教會朋友連結,讓他表達在關係中所重視的東西。原本被忽略的經歷開始浮現,在重組會員的概念裡,會讓當事人看見在關係裡彼此相互的影響,當事人亦可以對其他人的生命有所貢獻,更重要是當事人從新找回自己喜歡又偏好的「勇敢」身分,進而在困境時成為重要的資源。

面對軟墊上的聆聽者,我邀請成為社員見證會成員(outsider witness)(White, 2000),過程分為四個部分:

1. 故事敘說(telling):由分享者分享其生命故事,其他組員在旁安靜聆聽,聆聽時的態度不帶任何評論和判斷,也不要替分享者尋找問題解決的方法。
2. 故事重敘(retelling):當分享者分享完後,便會邀請他/

她在一旁聆聽，並邀請其他組員就著分享者的分享內容作出迴響。

3. 故事重敘再重敘（retelling of retelling）：當完成迴響，會再次邀請分享者就著剛才的迴響分享自己的意見和感受。

4. 解構（deconstruction）：完成後，組員們一起討論著剛才的經驗。

從過去的經驗所得，孩子像有跳躍式思考，容易忘記對方的分享，我邀請孩子在聆聽對方的故事後，在小卡片記下深刻或自己有類似經驗的地方（深刻與共鳴），以便在故事重敘時再分享。軟墊上的孩子專心地聆聽，而且對每個故事都非常有共鳴：

「我也不喜歡吵架。」

「阿朗，你腰痛兩個月一定好辛苦，我肚痛了三天也受不了。」

「曾經在練琴的時候我都有想過放棄，但想起一位電台節目主持人的一句話『Never Give Up，一定可以』。」

孩子圖文並茂把迴響記錄在小卡片上，在迴響時他們彼此互動交流，停不了的共鳴與分享。黃錦敦（2012）曾說過大家有機會敘說自己的生命故事，成為彼此的觀眾，有共鳴、互相被感動，然後在故事裡互相學習珍貴的生命智慧。這樣的歷程會讓人們更有力量來重新看待自己的故事。

## 重視。盼望

　　每人都分享過自己的身體素描及故事後，接著的兩節小組我邀請孩子用輕黏土製作在生命中他們重視的東西，及在布袋上畫下個人的盼望。「重視」及「盼望」都是較為抽象的概念，透過製作輕黏土及畫布袋，具體地把抽象的概念形象化既好玩又有趣，貼近孩子的喜好。過程中，欣賞著他們專注又認真的創作，就像是欣賞著一幅流動的美麗圖畫。

　　記得有一位組員，小詩，用輕黏土製作了「蛋黃哥」[2]，它是日本一間公司於2013年所創作的卡通形象。其特點是慵懶無力的表情及動作，經常變成如荷包蛋、炒蛋各種食物造型，最喜歡的是醬油。小詩表示經常因為要與功課糾纏，而減少了很多「自由」時間。她很喜歡「蛋黃哥」什麼也不做的懶洋洋，她很重視生活的空間及自由。

　　另一位組員，阿生在布袋上畫上了「角落生物」（又名「角落小夥伴」）[3]，這系列的每個角色都喜歡窩在角落，只要靠著牆就很有安全感。一般窩在角落總是給人一種被邊緣、冷

---

2　蛋黃哥（中國大陸稱為懶蛋蛋，香港稱為梳乎蛋）是日本的三麗鷗公司於2013年所創作的卡通形象。

3　角落生物又名《角落小夥伴》，是由日本創立迄今已六十年的卡通品牌公司San-X所推出的虛擬動漫人物群，因為他們喜歡躲在角落邊緣生活著，因此名為角落生物。帶點消極而幽默的性格與可愛無殺傷力的畫風，讓許多人為角落生物怪奇可愛的模樣深深著迷。

落的可憐刻板印象，但「角落生物」們卻被塑造出即使躲在黑暗小角落也療癒、可愛的模樣。阿生表示盼望有一班好像它們般可愛的朋友，而他最欣賞「角落生物」們會互相幫忙，一起爬上牆的角落。

我看到當孩子把眼光對焦在自己生命熱情的所在，他們的眼睛是發亮的，笑容是滿足的。在主流文化中，學生被要求重視學業成績，人生目標就是要讀好書、有好成績、品學兼優。除了讀書，生活便沒有其他意義。在敘事實踐中，我們不帶著任何批判的態度去聆聽，面對主流的聲音及當事人在地的聲音出現差異時，不是要分對與錯，更重要的是聽到當時人所渴望的聲音。在群體中，大家把其個人的夢想與盼望與別人分享、收集，取得共鳴，更讓個人有機會影響及推動其他人，加強個人能力感。焦慮及恐懼的蹤影也隨之漸漸消退，沒有出現干擾他們。

## 共同見證

小組的最後一節，與組員商量後，同意邀請家長出席「定義式儀式」（definitional ceremony）（White, 1997）。當中組員會分享布袋的故事——盼望，而家長們便成為了社員見證會的成員。

經過幾節小組的外化對話、重寫故事對話、重組會員對話，孩子把個人「面對問題」的智慧與方法集結為「藝術品」

——輕黏土及畫布袋，並展現了新的生活故事，呈現了他／她的「智慧」是對人有幫助、是值得被學習的人。在敘事實踐中，社員見證會可成為一個迴響平台，讓組員與被邀請來的見證者有機會聚在一起，不是要喝采或稱讚，而是連結彼此的故事，從共鳴、感動、相互學習、推動中，更有力量活出自己的故事。

要讓被邀請出席的家長了解「社員見證會」的意義，需要事前的準備。小組開始前，我邀請家長提早到達，進行簡介、解釋社員見證會的目的，並邀請他們聆聽孩子的故事後，分享其內容所喚起的觸動、印象、共鳴、及推動，而非給予批評或建議。要家長學習放下給予意見的確不容易，但當他們明白這種「生命彼此互動、共享及珍視」的角度能讓當事人面對挑戰時的對抗策略更為強大，他們亦會樂意配合。

「我們每天起床的第一件事，就是要令自己快樂。」

阿朗在社員見證會分享有時早上起床是一件很爭扎的事，「擔心」會出來騷擾他，例如：「功課做完了沒有？」、「測驗的內容有些忘記了」、「害怕今天的英文課老師問問題不懂回答」…… 這些「擔心」都令自己害怕起來，非常不情願地起床回校上課。然而，在小組中他曾分享「勇敢」的故事，亦有組員共鳴的迴響「Never Give Up，一定可以」，推動他把起床第一件事——「要令自己快樂」畫在布袋上。

一眾組員及家長成為每位孩子的觀眾，見證著彼此的故事。有家長在小組結束的時候，表示沒有想像過孩子們原來有那麼多不同的故事及盼望。這些盼望不是要成績理想、考第一名，而是實實在在想成為一個怎樣的人，過怎樣的生活。孩子們的故事及期盼，也為家長帶來不少反思與迴響。有家長在迴響中分享自己也在反思究竟希望孩子，甚至自己，成為一個怎樣的人。黃錦敦（2012）曾說過當「觀眾」聆聽當事人的故事後，能表達自己的觸動與學習，讓敘說者的故事不只是「受害者」的故事，而是「對人有貢獻」、「值得被學習」、「可以感動他人」的，這樣故事的力量就會不同。

　　每位孩子都有機會成為主角分享自己的故事，這也是小組每位成員第一次這麼認真地在眾人面前分享自己的盼望。完成後大家也鬆了一口氣，然後大聲叫「開動」，當日的重頭戲就是餐會！組員各自負責一樣食物帶來與大家分享──有魚蛋、腸仔、雞翅、蛋糕等，相當豐富又吸引！記得有一位組員一邊吃，一邊表示「吃東西就是最開心、最放鬆的時候」。在這個共創的「定義式儀式」，充分表現與孩子們共同建構所帶來的歡悅成果。

## 「問題」以外的故事

　　曾經有人問，在小組中從沒有提及「焦慮」？不是要解決焦慮為孩子帶來的困擾嗎？

敘事實踐強調人不是問題、問題才是問題、要把人和問題分開，而且很多時候問題是不容易解決的，但可以選擇不被它影響太多。敘事實踐相信生命的發展沒有單一性及必然性，可以繞過問題，發掘生命的不同故事線、不同面向。在進行敘事實踐的過程，透過外化對話，讓當事人與問題拉開；在重寫故事及重組會員對話中，開展多元的角度發展新的故事線。

在身體掃描、輕黏土製作、畫布袋的環節中，讓孩子自在地、自由地表達自己重視的東西及期盼，一點一滴地建立偏好的自我身分。當故事及自我身分被賦予不同意義，當前的困境便有了不同理解，就像阿朗的分享——起床第一件事就是要令自己快樂。他們在敘說自己的故事時，同時建構新的身分，帶著新的視野面對當前的困難。小組結束後，有機會與一位家長傾談，他觀察到孩子受「焦慮」影響的狀況減少了，換來的是孩子開朗了、敢於表達自己，重拾活力。

## 跳躍的步伐

曾經在多次的敘事實踐課程被問及孩子真的有耐性坐下來，完整地說出自己的故事嗎？

想起兒時有一個遊戲「不許動，不許笑，不許呱呱叫……」，唸完後大家立即保持一個動作不能動，誰動了便犯規。每次都很快就有人犯規，「不許動」對孩子真是超級大挑戰。人大了，對「不許」這個詞語有更大的反思。當人沒了選

擇，永遠都要跟隨一致的體制，豈不是成為了罐頭？傅柯（1971）曾提及的「圓形監獄」（Panopticon）的權力運作，透過組織建制的規範，將人分類、評量，使人被孤立分化。同時依從組織的標準，對人進行訓練和矯正。這種常規化的凝視會使人永遠受到懲罰。（麥克・懷特，大衛・艾普斯頓，2018）

敘事實踐小組改變了以往其他形式小組的權力關係。帶著敘事實踐的信念，我會與組員商量這個小組如何進行，孩子亦很積極地表達想要的模樣。當孩子有了空間去選擇，他們會認真思考和決定，並負起全然的責任。當他們表示想別人聆聽自己的故事時，自己也要學習聆聽別人的故事。

如前所述，經驗中發現與孩子似有跳躍式的思考與表達方式，故此我選擇從藝術創作中說故事。在創作中，孩子可以有不同的選擇及發揮。在分享中，孩子會以短句回應，我會帶著好奇的態度，追問當中的故事。從輕鬆氣氛中，帶著敘事的眼鏡——發掘孩子的另類故事、尋找他們偏好的故事及身分、重視不同的聲音、一起聆聽別人的故事，更重要的是用心感受面前的這個「人」。打開我們的視覺、開啟我們的聽覺，學習用整個人去感受生命，引導孩子的分享將會更有人情味。

### 語言外的溝通

敘事實踐透過「訪問與對話」進行輔導，很多時都會被人

詢問這理論是否適合應用在兒童身上？

　　這問題亦反映我們都習慣透過語言去呈現所接觸的東西，參與建構現實的過程。面對孩子不容易用語言表達自己，往往會被另一群人施加權力強迫。作為敘事實踐者，面對兒童工作，經常都要察覺權力與知識的威力，避免把他們建構成某類人。孩子在語言上發展與成人不同，的確要學會用兒童可被理解的方式訪問他們。突破限制，可以導入其他資源協助，例如藝術、音樂、戲劇。

　　想起小組中有一位平日甚少說話的阿文，他每次都會出席，投入製作小組內的各樣「藝術品」、專心聆聽別人的故事。然而，每當輪到阿文分享時，他都思量一會才輕聲地說出一兩句詞語。我原本想邀請其他組員接納及包容，豈料他們表示完全理解，因為他們也是「過來人」，明白要在別人面前說話一點也不容易，可見孩子真是自己生命的專家。孩子受困於問題的情感經驗，對孩子們來說，也許難以用文字及語言表達，不過他們都能進行以臉部表情、姿態和動作表達經驗的非語言溝通（珍妮芙‧佛瑞曼，大衛‧艾普斯頓及迪恩‧羅勃維茲，2006）。

　　「你想說多少，甚至不想說也是可以的。不用勉強自己。」我向阿文這樣說。因為有選擇，孩子反而輕鬆了。我亦會透過好奇阿文的身體語言及表情，引發問題，讓他較容易回應。其後在小組中阿文漸漸多了發言，其他孩子亦學習了耐性

地等待及聆聽他的說話。在小組最後一節阿文要在組員及家長面前分享，真是一大挑戰！過去阿文的父母很擔心他「不說話是有問題」、「很難認識到朋友」，在「社員見證會」上，邀請父母放下這些批評及判斷，聆聽著阿文的分享，二人亦不禁泛起淚光。事後了解到這是「受感動的淚光」，感動可以聽到阿文的期盼，亦欣喜聽到他分享與父親一起踢足球的片段。當孩子可以做回自己的主人並發聲，親子關係亦被呼喚，父母停下來聆聽孩子的心聲，從新反思與孩子的關係，新的故事亦在此開展。

## 好奇心的運轉

讓孩子在小組中相遇，是希望能收集彼此的智慧，背後帶著一個敘事實踐的信念——「每個人都是自己生命的專家」。相信孩子也有自己的生活智慧，當我們放下專家的身分及想法，以謙卑的姿態去貼近當事人的生命，帶著「不知道」的態度，讓自己保持好奇、不帶先入為主、不以專家自稱，會發現當事人許多另類故事隱藏在踏實的生活細節中。

過去在教導敘事實踐課程時，我很喜歡與學員玩一個遊戲——「猜家底」，猜猜對方的職業、收入、家庭背景等，每次遊戲都會引起一陣騷動。原來我們都很容易憑著個人的經驗、觀察、先入為主地判斷別人，相信與我們過去學習的心理分析理論都有些關係。心理分析理論累積了多年數據及研究，有它的根據，知識亦接近了真理的位置，我們都習慣用這些分析去

檢視服務對象的狀況。故此,透過「猜家底」的遊戲,希望帶出每人都會有不同的生活選擇,不要先入為主以為「自己已知」、「一定是這樣」的心態影響好奇心的發揮。在敘事實踐中,提醒我們世上沒有單一的真理,一切都是多元並存的,所以要學習謙卑及不知道的態度,好奇及了解當事人的意思。

## 遇見美好的自己

回想起自己的讀書時代也是受著主流社會論述的影響,大部分時間都被安排補習、溫書,與父母的話題大部分都與學業有關。還記得自己有一段時間只會穿黑白灰顏色的衣服,生命彷彿跌進了黑白灰的世界。升上中學,遇到一位任教藝術及英文科的郭老師,生命開始有了一點色彩。還記得當時郭老師邀請我們每星期交一篇週記,一星期後便會收到她的回應。我開始把自己的生活、感受點滴寫下來,向老師傾訴自己的生命故事。雖然自己的成長滿有挑戰、不是太順利,但能完整地表達自己,這歷程就像把散落四周的拼圖湊合,漸漸認回「我」。在不同的處境及時間,這個自我建構或被建構成不同的「我」,並且看到支持自己的力量,生命就開始有轉化,長出美麗的顏色,這亦成就了現在的我於工作中的信念。

與每個孩子的相遇,都給予我們新的學習機會。很喜歡陪伴孩子發現自己身上的「資源」,與他們一起發現自己的生命

充滿美好和希望。生命有如藝術，當中有很多可能性。在藝術創作中，沒有一定的法則，沒有對錯的標準。孩子表達自己的形式，多元又有創意！當我們跳出狹隘觀點，帶著尊重，充滿接納和欣賞的態度，讓孩子的生命盡情發揮時，會發現很多可能性，彼此關係也再次連繫及拉近。孩子能發揮自己、盡情表達自己的故事，經過發掘，總會發現其美麗又精妙之處，並找到面對挑戰的方法，長出一個堅實又美麗的自己。

## 參考書籍

珍妮芙・佛瑞曼，大衛・艾普斯頓及迪恩・羅勃維茲（2006）。**兒童敘事治療嚴重問題的遊戲取向**。黃孟嬌譯。張老師文化。

麥克・懷特（2008）。**敘事治療的工作地圖**。黃孟嬌譯。張老師文化。

麥克・懷特及大衛・艾普斯頓（2018）。**故事・知識・權力 敘事治療的力量**。廖世德譯。心靈工坊。

黃錦敦（2012）。**陪孩子遇見美好的自己**。張老師文化。

Denborough, D.（2008）. *Collective narrative practice: Responding to individuals, groups, and communities who have experienced trauma.* Dulwich Centre Publications

Foucault, M.（1971）. *Discipline and Punish.* Penguin.

White, M. & Epston, D.（1990）. *Narrative Means to Therapeutic Ends.* W. W. Norton.

White, M.（1997）. *Narratives of Therapists' Lives.* Dulwich

Centre Publications.

White, M.（2000）. *Reflections on Narrative Practice.*
Dulwich Centre Publications.

# 當亞斯伯格遇上霸凌

謝杰雄

## 前言

生活在現今社會，不同的主流社會群體也講求個人的社交能力。自年幼時，不同的師長與父母也紛紛叮囑我要「學做人」，意思要學習待人處世之道。所謂待人處世之道有著不同的說法，但自古以來，諸子百家也有不同的教導，例如孔子的為人之道：「人之初，性本善」、「為人需本分，富貴不能淫，貧賤不能移」；老子的處事之道：「謙退是保身第一法，安詳是處世第一法，寬容是處事第一法，寡慾是養心第一法。」；孟子的君臣之道：「君講禮，臣講忠，故君臣之道在於禮。」長大後出來社會做事，在不同的社交環境中，也曾被人教訓需要懂得「圓滑世故」，個人的成功與否，似乎也與這些社交上的規範相關。偶一不慎，便容易落入人際關係的難題當中，被人冠以「不成熟、不懂做人」等稱呼。事實上，在推崇「合群」與「面面俱圓」的主流社會中，有多少人會願意理解在堅持己見、選擇坦率背後的價值信念與原則。

## 在主流下被孤立的一班年青人

在重視社交禮儀的主流文化下，往往排擠了一群與主流不同的人。阿希今年15歲，他是其中一位參加敘事社群實踐小組的組員。認識他是因為阿希媽媽到中心尋求協助，因他一直受著社交問題的困擾。據阿希媽媽表示，他在初小時已被精神科醫師診斷為亞斯伯格症（Asperger Syndrome，另譯亞氏保加症）[4]。此症由一位奧地利的兒科醫生漢斯・亞斯伯格（Hans Asperger）於1944年間提出，那時他留意到有部分兒童有著相似的社交困難問題，例如缺乏非語言的溝通技巧、難以明白他人的想法與感受、缺乏同理心等等（Autism Speaks, n.d.）。到1994年，此症亦納入到精神疾病診斷與統計手冊第四版（DSM-4）中。但在2013年出版的第五版（DSM-5）便作出了修訂，將亞斯伯格症歸納為「自閉症譜系障礙」。在重視病理學論述的社會下，這些青年被建構了不同於殘疾相關的身分，而這身分更隨著病理學的知識更新而轉變，這正是傅柯（Foucault）提出語言與權力如何在社會中運作，並建構了身分的過程（Jenkins, 2014）。White（2011）曾提及現代權力往往會為人的生活建立一套規範並驅使人隨著此規範生活。若人們未能遵從這些規範，往往會被界定為「不正常」並設法改變行為以合乎正常的標準。這個病理學的論述往往令當事人建構了一個薄弱的身分結論，讓人的智慧、能力、技能以致他的身分也被問題故事所遮蔽（Morgan, 2000）。在初接觸這些年青

---

4　香港普遍譯為亞斯保加症，而臺灣及中國大陸則譯為亞斯伯格症候群。

人的組群時，不論與家長、師長還是社工的對話中，也充滿著有關「能力不足」等語言，受著病理學論述的影響，也會以「殘疾」與「不正常」的問題與身分訴說他們的故事。坊間自然也充斥著不同種類的治療性或訓練性小組，以改變他們的行為來符合正常規範為目標。

## 從神經多樣性（Neurodiversity）角度再思亞斯伯格

Norman Kunc及Emma van der Klift曾分享有關神經多樣性（Neurodiversity）的概念，並以不同的角度看殘疾問題（Dulwich Centre Publications, 2015）。神經多樣性的角度與病理學論述不同，它理解自閉症譜系障礙為社會所建構，沒有所謂正常與不正常的腦袋，每人的神經發展也有不同的程度與步伐。這概念使人從「缺憾不足」的假設解放至尊重每人不同的差異，亦鼓勵我離開亞斯伯格的問題身分，繼而探索其他的可能性。

## 與霸凌相關的主流論述

回顧華人社會的文化，不難發現有某些主流論述正在支持著霸凌的出現。這些論述或許源自於傳統的中國社會，並建構起一些與人相處的準則及禮儀，例如要求對權威順從的學長制度、少數服從多數的潛規則、父權體制下對男性權力的優勢等等。這些社會上的制度準則，容易讓人難以拒絕強者的要求及捍衛自己的立場。以學長制為例，陳民峰（2017）便指出此制

度賦予了一種上下的權力關係，在潛規則下學弟妹會遵從學長權力的規範。若這種學長學弟制被濫用，便可能出現使用權力去壓迫他人就範的霸凌行為。台灣不時也有一些相關學長制與霸凌事件的新聞報導[5]。

除此之外，社會上對男性的固有文化論述會認定男性應符合一般的男子氣質，包括陽剛、堅強及強壯等等。在小組中的組員正表示他們較喜愛斯文、寧靜、溫柔，傾向參與一些簡單平和的個人活動。但這些取向正與男性化的論述不同。White（2011）表示某些相信主流論述的人可能會成為合伙並行使當中的權力，對待那些不符合社會論述與期望的人。而霸凌正是其中的一種權力手段。

另外，社會上吹捧的精英制度也與霸凌有關。這種精英制度不但受學生愛戴，也有家長、學校、政府等支持，不少家長也渴望子女成為精英。這論述教人要成為一等人，對評為「不夠好」的人需要減少往來或遠離。「近朱者赤、近墨者黑」這諺語對現今世代仍不陌生，亦潛移默化地成為部分人交朋結友的準則。

---

5　蕭可正、黃書葦（2015年3月25日）。潛規則？沒喊「學長好」東華體育系大一生遭灌酒狂吐。ETtoday新聞雲。https://www.ettoday.net/news/20150325/483683.htm

## 敘事社群實踐

在構思敘事實踐的過程中，我參考了David Denborough（2008）與在囚人士的工作經驗。這讓我想到既然這些年青人在過往歷史中已被孤立起來，如何透過敘事社群實踐將他們連繫起來比單獨的面見來得更加重要。而這次的敘事社群實踐小組採用了David提出的四個重要原則為小組的架構：

1. 能夠聆聽青年人的不同故事。除了受問題困擾的故事外，也包含他們應對困難的故事、堅持信念的故事、交友的故事、追尋夢想的故事等等。
2. 能夠以合適的方法來充分認識霸凌等問題為他們帶來的影響。
3. 讓年青人的生命與故事能夠集體連結。
4. 確認年青人對他人所帶來的貢獻。

為了讓年青人有機會敘述及發展不同的故事，此敘事社群實踐小組加入了隱喻的方式，讓他們從中有機會訴說不同的故事。McGuinty, Armstrong, Nelson及Sheeler（2012）表示隱喻的使用不僅僅是改變觀點，而是可以將其轉變成行動，能夠間接地豐富對問題及自我的理解並對此採取行動。而隱喻的選取，需要考慮個人的經驗及社會文化背景。在這個青年人的小組，我選取了較合乎現今青年文化的工具——智能電話（Smartphone）作為隱喻。智能電話是讓人能夠與世界及他人作連繫的橋樑，故以此隱喻連繫到青年人的生命故事。另外，

小組也會加入敘事社群實踐中社員見證會、敘事檔案、定義式儀式等敘事概念。

## 小組前的預備：從一封邀請信開始

　　小組共有6位青年人，他們由不同的學校社工轉介參加。為讓青年人更清楚小組的內容、運作及構思，除了設計相關的活動單張文宣，我也安排在小組前與各人面談，希望藉此建立溝通的平台，讓他們有機會表達對小組的不同期望與關注，也可以提出不同的意見供我在安排小組上作參考。事實上，這安排不單讓我避免以專家角度及知識去領導小組，也可體現與青年人一起共同建構的重要。這是敘事實踐中強調工作員所處於去中心但具影響力的角色。

　　在小組開始前，我懷著不少的好奇心：是什麼驅使他們決定參加這個小組？這個決定反映他們有著什麼意圖與盼望？他們與亞斯伯格症及霸凌也共處了一段長時間，這期間他們又經歷了什麼故事？他們是如何堅持到現在？這代表他們有著什麼智慧與技能？這些好奇慫恿我為他們每人寫了一封邀請信。除了表達對他們參加小組的邀請，亦希望藉此確立他們的意圖與盼望、對小組的貢獻，與及表達對他們的智慧與能力的好奇。以下是邀請信的內容：

　　你好！首先十分感謝你參加「Backup友情Team」小組。每一位參加的同學我也會寫這封邀請信給他們。這個小組讓我們

有機會分享各自的故事，可以是開心的、深刻的、難忘的，也可以是困難的。或許在過去的日子，也曾經出現與同輩發生衝突或霸凌的類似事情，這或許會影響你生活中的不同部份。如果你想分享的話，我們也樂意一一聆聽。

在這個小組中，我們也有機會分享各自用了那些智慧及方法去應對生活中的難題。這是我的榮幸能夠聽見你們的心得，或許這些心得可以為其他遭遇相類似處境的人帶來幫助。最後，我好奇是什麼想法推動你參加這個小組？有沒有什麼事情，你也希望透過這個小組達成？縱然受到霸凌的困擾，又是什麼讓你堅持到底，不作放棄？希望在小組中可以一起說說聽聽這些不同的故事。

## 第一節：確立青年人的盼望與夢想

創造一個安全的空間，讓青年人能夠安心地說故事是十分重要的。時刻保持好奇心與「不知道」的立場是創造安全與開放空間的重要關鍵。因著沒有了預設的立場，這讓我以好奇及尊重的態度了解組員在過程中的經驗並適時調節對話、安排與步伐，以便能夠貼近他們當下的需要、想法與喜好（Johnson, 1999）。

小組開始時，我邀請組員們簡單地以說故事的方式自我介紹。在活動場地上，我放了不同的圖片，青年人從中選擇了一張讓他們感到共鳴或聯想到他們生活中任何部分的圖片，並分

享了他們的不同故事，包括在假期後上學的不確定性、對同儕關係中的掙扎、因公開考試而出現的焦慮、抑鬱心情所帶來的挑戰，與及與家人在假期間相處的故事等等。當中特別就同儕關係及霸凌經驗，最讓所有組員產生共鳴感。除了分享霸凌問題所帶來的影響外，我也好奇當中的其他故事，例如他們是如何渡過這些困難時刻。這些其他故事包括了家人與老師的支持、在學校以外的地方認識了新朋友、參加自己感興趣的活動等等。

在分享與同儕相處的過程中，這些故事正透露青年人對朋友關係的理解，並探索他們認為朋友關係中最重要的元素、態度及價值，包括了尊重、真誠、正直等等。這些分享正對有關精英制度的主流論述作出挑戰，他們表達不應以對方的成績、能力作為揀選朋友的標準。這進一步分享了青年人對交朋友上的盼望與夢想，他們均表示渴望能夠擁有一段和諧及信任的關係，但願在未來能夠結識新朋友並建立同儕網絡。為了確立這些盼望與夢想，我們一起揀選了兩首有關友誼的歌曲，由我彈奏，與年青人一起唱。Denborough（2008）也曾提出，歌曲、旋律、歌詞能夠塑造我們的身分、並提供意義及團結。以下將節錄部分歌詞：

朋友（作詞：向雪懷／作曲：芹澤廣明／編曲：入江純／演唱：譚詠麟）
　　遙遙晚空點點星光息息相關 你我那怕荊棘鋪滿路
　　替我解開中心的孤單 是誰明白我

情同兩手一起開心一起悲傷 彼此分擔總不分我或你

你為了我 我為了你 共赴患難絕望裡緊握你手 朋友

友共情（作詞：周禮茂／作曲：陳光榮／編曲：陳光榮／演
唱：古巨基）

時光可變 世界可變 人情亦許多都變遷

友共情不變 那種真找不到缺點

你我再次相見 隨年和月 身心雖耗損

友共情從難扭轉 心內那熱暖 仍是純真未變

## 第二節：集體外化訪問（Collective externalizing interview）

　　White（2007）曾表示人們在生活中的問題通常被看作是
他們身分的反映或是他與其他人關係的身分反映。這種問題內
化的理解容易令當事人相信個人便是問題。在第一節的分享
中，有些組員也會將霸凌問題歸咎於他們不足的溝通能力或亞
斯伯格症的特徵所致。為了讓組員離開這種個人內化的理解，
這一次外化對話的活動安排於第二節進行。這集體外化訪問是
參考了Hung（2011）的敘事社群實踐小組，讓受性侵犯影響的
女士共同訪問「無用」。而是次組員將會集體地對「霸凌」進
行訪問。

　　為讓整個外化對話變得生動有趣，過程中我以不同的服裝
扮演「霸凌」。組員可以選擇以例子問句或自設問題對「霸
凌」進行發問。以下紀錄了部分問題及「霸凌」的回應：

（問：組員　霸：霸凌）

問：你的名字是什麼？

霸：對不同的人，我有不同的名字，例如麻煩、流氓。但也很多人叫我「霸凌」。

問：你今年幾歲？

霸：哇！我生活在世界好多好多年，比你祖父母還要大，老到已經沒法計算了。

問：誰是你的目標對象？

霸：我十分喜愛年青人。我最喜歡在他們身上製造麻煩，尤其是那些較弱小，朋友不多，常常孤身一人的年青人。

問：你最常在哪裡出現？

霸：當然在學校。那裡有很多年青人，我最容易找對象。

問：你經常藏身在學校，有何目的？

霸：我要為那些年青人製造麻煩，讓他們被孤立。當我看見他們憂心的樣子，我便高興。

問：你獨自一人嗎？有沒有與什麼人聯手？

霸：我有很多朋友。我很喜歡與他們一起出現製造麻煩。他們分別是「無用」、「抑鬱」、「憤怒」或者「亞斯伯格」。當我們結成聯盟時，力量就變得越強。

問：你用什麼方法去騷擾年青人？

霸：我第一步通常會取笑他們的外形。我的強項是為別人取不同的綽號，當我取笑他們的綽號時，他們越憤怒，我便越開心。真的十分有趣。有時候，見他們對綽號沒有很大反應，我也會用行動去威嚇他們。

問：你有沒有曾經失敗過，未能成功騷擾他們？

霸：有！但我不太想提及那些經驗。曾經被人驅離，那段時間是我的黑暗時期。

問：你天不怕地不怕嗎？還是有什麼事情讓你感到害怕？

霸：你這樣問是否想對付我？我最恨那些人經常團結在一起，又會互相合作及幫忙。最怕看見那麼多人。

問：若果你的目標人物想逃離你，你會怎樣做？

霸：要逃離我的掌心，也不是易事。我會跟隨及藏身於人群當中。

問：為什麼你喜歡霸凌別人，製造那麼多麻煩？

霸：自古以來，「弱肉強食」、「少數服從多數」、「汰弱留強」都是生存之道，這個社會從來也是強者才會得到尊重及話語權。你們的家長及老師沒有教導你們嗎？

問：你有敵人嗎？

霸：我最討厭人們走在一起及討論我，就好像有什麼詭計想對付我一樣。我也討厭那些家長、老師、社工等等，他們很愛多管閒事，也會經常支持年青人，浪費了我許多的努力。

　　這個集體外化訪問以有趣的方式進行，提供了機會讓年青人與霸凌對話，組員在訪問後期紛紛對霸凌作出不同的質詢，過程不單讓組員有機會充分地描述問題對他們的影響，也有機會思考與問題的關係。訪問過後，我也邀請他們按著自身的經驗分享霸凌相關的故事、問題的影響及他們希望採取的立場。在互助支持的氛圍下，小組建立了一份團結精神，組員能以不同的姿態與力量說故事。這為他們帶來了不同的意義與經驗。

## 第三節：生命智能電話（Smartphone of Life）

　　「生命智能電話」是運用了智能電話的隱喻與年青人一起探索其生命中的不同故事。此做法是參考了Ncazelo Neube及David Denborough共同創作的一種敘事社群實踐方法——生命樹（Tree of Life）（Denborough, 2008）而來。為讓小組內的年青人能夠將生命故事與智能電話的隱喻有所連繫，我先邀請他們一起進行遊戲。

**遊戲：尋尋覓覓**

1. 在一分鐘的時限內，年青人需要觀察及記下自己電話的形狀、大小及特徵等等。
2. 每位組員均需要交出其電話予主持人，並以眼罩蒙上眼睛。
3. 組員透過雙手的觸感，從中尋回自己的電話。

　　在遊戲的過程中，一些年青人表示對自己的電話多了一些新發現，包括花紋、質感以及形狀等等，這經驗讓他們認同透過重新細看與檢視，有著新發現的可能性。爾後，主持人再邀請他們分享一個有關電話的故事。組員阿盈分享了一次感到憤怒時將電話摔到地上的經歷；阿俊則分享一次電話突然失靈的事件；阿潘就分享了自己的電話是來自一位姨母的禮物。透過這些遊戲與故事分享，為「生命智能電話」的隱喻提供了一個場所，組員亦漸漸將自己的經歷與故事與電話產生了連繫。

　　在開始前，組員先拿取適量的紙與顏色筆。生命智能電話

共可分為七個部分，我在旁一邊介紹，組員們同時一邊設計屬於自己的生命智能電話。

1. 電話的背景圖片（閃亮時刻）

   人們慣常將一些生活中喜愛的事情／活動／人物／風景設定成電話的背景圖片，它們對人具有特別的意義。背景圖片代表著人的喜好、興趣，甚至也可以是人的一些閃亮時刻，對人有意思、深刻、喜愛的圖片。

   • 當你啟動這部生命智能電話時，你希望看到一幅什麼的圖片作為背景？
   • 有哪些圖片是你希望將它設定成背景？為什麼？它對你有著什麼意義？

2. 聯絡名單（生命中的重要成員）

   它包括了電話簿、不同的通訊軟體、臉書等等當中的聯絡人。你可以隨意在這些程式中加入不同人的聯絡資料，讓你能夠保持與他們的聯繫，分享生活點滴。

   • 你希望保存哪些人的聯絡資料於你的通訊錄內？
   • 在你的生命中，有哪些重要的關係是你不想錯過的？
   • 你與這些重要成員間有哪些深刻的故事？
   • 為什麼這些關係對你來說那麼重要？
   • 他們對你的人生是否有帶來什麼影響或貢獻？如果有的話，那會是一個怎樣的故事？

3. 相片／影片庫（獨特結果／另類故事）

電話內的相片庫中，記錄著生活中的不同點滴、難忘與深刻的片段，也是青年人希望保存的珍貴回憶。

- 在過去的生活中，有哪些相片、影像、片段是你想保存在電話中？
- 這些相片、片段在說著一個怎樣的故事？
- 為什麼這些故事那麼重要？它們對你來說是具有什麼特別之處嗎？
- 當看著這些重要的相片時，它讓你知道你真正在乎／珍惜的是什麼？

4. 應用程式（智慧與技能）

人們日常在電話中會安裝或下載程式，以幫助解決日常生活中的不同困難。不同的程式代表著青年人的不同技能、智慧與能力，讓他們應對生命中的困難時刻。縱然面對著霸凌問題，但這些年青人也有著他們個人的智慧與技能。

- 在生命智能電話中，有著什麼程式／技能／能力／智慧是你從小到大所習得？
- 這些程式是從哪裡下載的？這些智慧與技能又是從哪裡習得的呢？
- 誰傳授這些智慧與技能給你？

5. 來電黑名單（對困難的回應）

在日常生活中，偶爾會接獲一些騷擾來電，令人感到煩厭、憤怒、難受。這些騷擾來電代表一些困擾的經驗或回憶會在青年人的生活中不時出現，對人產生負面影響。「來電黑名

單」是一個程式，能夠攔截這些騷擾來電，亦代表著對困難時刻的回應。

- 過去是否有一些經歷、片段，它會偶爾出現並對你造成影響？你希望將它放到黑名單中，使它不再經常困擾你。
- 你曾經如何應對這些事情帶給你的困擾，並將他們放到黑名單中？
- 若能夠成功將它們放在黑名單中，你的生活將會有什麼不一樣的改變？

6. 音樂播放清單（歌曲對生命的寄託與支持）

Denborough（2008）曾分享歌曲除了對生命帶來支持外，也能夠作為困境、創傷與哀傷的回應。從通俗文化的角度，在地的音樂歌曲往往對人們帶來幫助。在生命智能電話中，音樂播放清單代表一些對年青人帶來力量、陪伴、共鳴的歌曲。這些歌曲在困境時刻能夠帶來支持與寄託的作用。

- 有哪些歌曲或歌詞，讓你感到深刻及共鳴，你想把它們加進電話中的音樂播放清單中？
- 有哪些歌曲曾經在困難時刻帶來力量、希望或支持？
- 這些歌曲對你有何特別之處？

7. 攝錄相機（盼望與夢想）

人們經常利用電話的攝錄功能為生活中的美好時刻作記錄，並將它好好保存。生命智能電話中的攝錄相機代表作年青人的盼望與夢想。

- 若你要利用攝錄相機拍下一張照片作紀念回味，那畫面／

影像會是怎樣？相片中的你正在做什麼？有哪些人與你在
一起？

• 你有什麼願望與夢想，希望紀錄下來？

• 若能夠朝著你的夢想走下去，你想像未來的自己會是怎
樣？若為未來的自己拍攝一張照片，那一張照片又會是怎
樣的呢？

以上的問題例子可運用於鷹架式對話（scaffolding
conversation），讓青年人能夠豐富地敘述他們的另類故事，而
在創作生命智能電話的過程中，部分青年人更會從他們原有的
智能電話中獲取更多故事與點子。這過程也會有助於他們將生
活中的經驗與隱喻作連結。

## 第四至第六節：故事敘述與社員見證會（Outsider witness practice）

從第四至第六節中，我邀請了不同的組員分享他們在生命
智能電話中的故事。當一位青年人在分享時，其他人則為他的
故事作迴響，並加入社員見證會（White, 2007）的實踐。

### 阿希的故事

阿希分享他在中學時期，在班上遇到很多霸凌的事件。開
首時，他對霸凌的出現原因感到迷惘。之後，他想到可能與某
些主流論述相關。例如：同學們會取笑他的身形，因與其他男

孩子比較顯得十分柔弱。一般男孩子喜愛的活動，如足球或籃球，他完全不感興趣，但卻愛走到圖書館看書或擔任義工，這些與主流男性文化有著很大的不同。另外，阿希分享他對抄襲功課風氣感到十分討厭，面對同學借他功課的要求，他通常會直接拒絕，但這些行為因不符合社會上討好別人的禮儀，往往因此被其他同學報復。當影響阿希的主流故事能夠充分地描述後，我嘗試以重寫故事對話的取向，與阿希一同探索他的其他故事與身分。

（輔：輔導員　希：阿希）

輔：在這麼困難的時間，是什麼讓你支撐著渡過困境？

希：在開始的時候，我會跟他們對抗，結果兩敗俱傷。我也會向母親、老師、學校社工或者醫師傾訴。老師也會責罰他們。我記得有一次向老師投訴後，有三個訓導老師到了我的班級，最後所有人也被罰。但結果也沒有用，那時我才明白來自學校的威嚇是解決不了問題。

輔：那麼有沒有其他方式讓你感到有所幫助？

希：我嘗試不理會，用鄙視的心態，因為霸凌是很幼稚的行為。不過，那時真的很痛苦。曾經有一次幻想過取刀把他們殺死，這樣才能夠好好保護自己。

我對阿希談及「殺人的想法」感到警惕與好奇，特別是他如何對這想法作出回應。當我好奇問及那情況時，他分享已經很快將此想法放棄掉。他的回應似無還有（absent but implicit）地隱含著一些重要的事情，讓他對「殺人的想法」作

出迅速的決定。對這份似無還有的好奇亦成為了探索其他故事線的入口。阿希表示當他想到自己的未來及重要的家人時，「殺人的想法」便被排除在外了。接著，阿希也分享了他在應對霸凌的一些在地智慧。

輔：你剛才分享的經歷，你會如何形容它？

希：嗯，我會稱呼它「小學雞[6]」。就像蒼蠅一樣，在身邊煩擾著，很難趕走。

輔：「小學雞」？你想分享為什麼你會這樣形容嗎？或者分享你如何去應對嗎？

希：我那時在想持強凌弱便代表不成熟，不成熟得像在讀小學一樣。那時我會與其他同學成為朋友，面對小學雞則會鄙視它。就像結黨結派一樣。

輔：「結黨結派」、「鄙視」這些方法，是從哪裡學習的？

希：我小時候喜歡看很多不同的書，例如《陰謀權實》、《厚黑學》等，它會教你如何在官場圓滑自如，建立人際關係。升上中學後，仍有同學要求我借功課給他抄襲，其實我很不想捲入抄功課的漩渦，開始了一次便有第二次。那時我會跟他們說，我的功課也是亂做。又或是我會在上課前最後數分鐘才回到教室，那樣就可以避開同學向我借功課抄的問題。

---

6　小學雞是香港現今的流行用語，有「不成熟」、「幼稚」的意思。

阿希在對話中分享了他如何應對「小學雞」及「持強凌弱」等問題。這些在地智慧反映著阿希有著不願違反的個人原則，亦對「不公平」的拒絕立場。

輔：你提及不想捲入「抄功課的漩渦」，那麼你心中真正想的是什麼呢？

希：我覺得這是學校的潛規則，沒有寫明但卻存在，好像辦公室政治一樣。我要成為中間派。既不去巴結老師，又不想以抄功課拉攏別人。盡量不牽涉衝突，想做回自己。

輔：做回一個怎樣的自己？

希：平凡、不要出風頭，亦不要太差。平平凡凡，不用太出名的生活就好。

輔：平凡是什麼樣的呢？「平平凡凡」有否曾經在你的生活中出現過呢？

　　之後，我們一起談及有關「平平凡凡」的故事，曾經如何在生活中實踐這種想法，這種生活模式反映他所重視的價值信念。透過豐厚這些不同故事，阿希不再以被霸凌者的身分說故事，而是以不同的身分，分享他的智慧及努力做回自己的故事。在阿希分享過後，我邀請了其他組員作迴響。社員見證會的迴響分為四組不同的問題方向，分別為1. 深刻與觸動；2. 印象或形象；3. 共鳴回應；4. 推動（White, 2005）。以下是其中一位組員阿盈所分享的迴響：

（輔：輔導員　盈：阿盈）

盈：我感到最深刻與共鳴的是阿希提及「做回自己」，無論發生什麼事，做回自己最重要。其實，我自己是一個很靜及不擅社交的人。但為了迎合別人，經常要笑，其實真的很辛苦。做一個低調，存在感低的人也不錯。只要做回自己就好了。

輔：你想做一個怎樣的自己？

盈：不是一個Perfect的自己，做好人就足夠。

輔：什麼是「不是Perfect」或者「好人」？

盈：不會對人做壞事，對得起自己良心就夠。

輔：聽了阿希的故事，你腦海中有沒有浮現什麼影像？或是對阿希有什麼印象？

盈：我覺得他十分堅強，即使有那麼多的困難也可以應付。

輔：是那些故事的片段，讓你看見那份堅強？

盈：他提到鄙視小學雞，還可以不理會或者忽視他們，真的非常厲害。


　　透過組員們敘述不同的故事及彼此間的迴響，讓不同的故事與身分得以呈現。而故事的力量與推動，令他們對彼此的生命也帶來不同程度的貢獻。在第六節的對話中，我們進一步解構不同的主流論述。例如：不少師長也鼓勵學生與成績較好、操行較好的人成為朋友，但組員卻紛紛反對這種精英制度的論述。事實上，在他們的故事中，也曾遇上不少願意對他們提供幫助的人，反之所謂的精英同學卻很少理會他們。這些分享讓他們總結了一些共同重視的價值觀，例如：問心無愧、活得有良知、持守公義等等。他們更分享在成長的路上，如何堅守這

些價值觀的故事。這些另類故事正在訴說一些不同但他們喜愛的身分。

## 第七節：敘事檔案（Therapeutic Document）及定義式儀式（Definitional Ceremony）

青年人在分享不同的故事後，我邀請為他們的在地智慧作記錄。Epston（2014）曾提及敘事實踐可讓被取消、被邊緣或被征服的智慧重現。在小組中，我希望敘事檔案的創作不單是對霸凌作回應，也同時回應了被孤立所帶來的更大影響。故此，這些敘事檔案將會與有相類似經驗的人作分享，讓年青人對他人的生命也帶來貢獻。Newman（2008）描述到敘事檔案能夠提供一個渠道讓人們的故事能夠於他人的生命中延續。

創作敘事檔案是一個與年青人共同創造的過程。它紀錄了組員們在渡過被霸凌影響的困苦時刻中的在地智慧、技能、活過來的竅門、重視的價值信念等等。另外，我們亦一起商討檔案的形式、設計及分發對象名單。組員希望讓更多社區人士，包括家長、老師、社工及其他有相類似經歷的人們看到這些智慧檔案。這過程正正確立他們對他人的貢獻與影響。對組員來說，身分的呈現不再是「被霸凌」或「亞斯伯格」。相反地，在小組的歷程中發現了更多不同的身分，例如：「良心」、「成熟」與「公義」等等。而最後，組員們同意以名信片的方式將他們的在地智慧一一呈現。以下的智慧與方法，節錄自他們創作的名信片，並沿用他們當時所運用的文字：

- 每當霸凌困擾你時：
  - ➢ 做運動，令自己舒緩一點。
  - ➢ 向身邊朋友、老師、社工傾訴。
  - ➢ 在心情差、苦悶時，聽一些喜歡的音樂。
  - ➢ 不要被人影響，要「相信自己」。
- When Bullying occurs：
  - ➢ Believe in yourself, you can do it if you try your best.
  - ➢ Don't be afraid of being who you are.
  - ➢ Having good friends can help you pass the hard time.
  - ➢ Be hopeful, be with friends, be fair and ignore the bullies are the best ways to pass the time when you get bully.
  - ➢ If bullies are breaking your heart, just remember, stay true to who you are and be grateful for what you have.

在分享這些智慧的過程中，更多的不同故事湧現，每一個

不同的智慧與方法也有其歷史與故事。例如：組員阿俊曾分享道「雖然人人都有著不同的困難，但任何人都值得有朋友」。這種對問題所採納的信念沿自他的一位朋友，在困難時刻對他的支持。這份信念也喚起了阿俊個人持守的重要價值——「公平公義」。在這些名信片的背面，除寫上他們的集體智慧外，也加入回應的方法。邀請看過名信片的人們，分享他們各自的共鳴、智慧或推動。我們希望藉此收集更多的在地智慧與方法，同時亦將社員見證會於社區中延續。

在最後一節的小組中，我們一起進行了定義式儀式，以慶祝在小組過程中呈現不同的新身分，例如：「親切」、「強」、「有良心」、「富正義感」或「平常人」等等。這些新身分在他們不同的另類故事中呈現，某些由說故事者在敘說過程中發現，某些在社員見證會中的迴響部分所豐厚。為了進一步確立這些新身分，我邀請組員們互相為對方寫下彼此的形象、深刻的字句、祝福、盼望與夢想，一起共同創造一張獨一無二的證書。Morgan（2000）表示這些證書檔案還可成為組員們生命中對抗問題故事的支持文件。

在小組尾聲，我創作了一首歌與組員一起慶祝另類故事的出現及整理整個小組的歷程。原歌曲為〈友共情〉，在第一節曾與組員一起歌唱。我以舊曲新詞的方式，將組員曾分享的重要說話或字句寫入當中。組員表示能夠從歌詞中找回自己的故事，歌曲除讓他們感到共鳴，也代表著他們的精神、夢想與及對未來的祝福。

Backup 友情Team（原曲：〈友共情〉／主唱：古巨基）

在這天分享了從前　盡情畫上的那故事

若然遇上欺凌　重敘這歷練

做朋友　盡有心拒絕瞞騙

別太苦也自怨　心中堅強我選

難得相見　放心傾訴　維繫在Backup 友情Team

有共鳴　心暖　要感恩珍惜那時點

你我也有轉變　尋尋覓覓　心中那個Dream

盼友誼從無改變　克服那舊怨

但願齊心互勉

## 總結

這小組是首次應用生命智能電話作為隱喻，此隱喻既能夠配合年青人的文化，也能夠與人的生活經歷有所連繫，使人產生共鳴，讓年青人以一個舒適的方式分享自身的故事。

在這次的社群實踐中，成功連結了不同的年青人，並讓他們集體地分享故事，使生命與生命間建立了連繫、貢獻、影響與推動。敘事社群實踐的概念正正減低了亞斯伯格及霸凌所帶來的孤立及排斥的影響。整個小組過程，不單只對現今主流論述作出挑戰與解構，亦是一個讓年青人尋找一個符合自己特色的社會論述的旅程，讓他們能夠生活於自己偏好的故事中，重新掌握自己的生命方向。

# 參考文獻

陳民峰（2017年8月23日）。**學長學弟制不是權威，而是早該滅亡的威權活化石**。鳴人堂。https://opinion.udn.com/opinion/story/8806/2658969

Autism Speaks.（n.d.）. *How has our understanding of Asperger Syndrome evolved?* https://www.autismspeaks.org/types-autism-what-asperger-syndrome

Denborough, D.（2008）. *Responding to individuals, groups, and communities who have experienced trauma.* Dulwich Centre Publications.

Dulwich Centre Publication.（2015）. Relocating the problem of disability: Norm Kunc, Emma Van der Klift, Vikki Reynolds and Aaron Munro [Video]. https://dulwichcentre.com.au/relocating-the-problem-of-disability-norm-kunc-emma-van-derklift-vikki-reynolds-and-aaron-munro/

Epston, D.（2014）. Ethography, co-research and insider knowledges. *International Journal of Narrative Therapy and Community Work,*（1）, 65 68.

Hung, S.L.（2011）. Collective narrative practice with rape victims in the Chinese society of Hong Kong. *International Journal of Narrative Therapy and Community Work,*（1）, 14-31.

Jenkins, R.（2014）. *Social identity.* Routledge

Johnson, L.（1999）. Curiosity didn't kill the cat! In C. White & D. Denborough（Eds.）. *Extending narrative therapy: A collection of practice-based papers,* pp. 209-216. Dulwich Centre Publications.

McGuinty, E., Armstrong, D., Nelson, J., & Sheeler, S.（2012）. Externalising metaphors: Anxiety and high-functioning autism. *Journal of Child and Adolescent Psychiatric Nursing, 25*（1）, 9 16.

Morgan, A.（2000）. *What is narrative therapy? An easy-to-read introduction.* Dulwich Centre Publications.

Newman, D.（2008）. 'Rescuing the said from the saying of it': Living documentation in narrative therapy. *International Journal of Narrative Therapy and Community Work,*（3）, 24 34.

White, M.（2007）. *Maps of narrative practice.* W. W. Norton

White, M.（2011）. *Narrative practice: Continuing the conversations.* W. W. Norton.

White, M.（2005）. *Workshop notes.* Dulwich Centre Publications. https://dulwichcentre.com.au/michael-white-workshop-notes. pdf

# PART 3

# 成人的經驗

# 外化敘事檔案：在地知識的共尋與共享

曹爽

## 遊於物外

宋代文學家蘇軾在《題西林壁》中寫道：「橫看成嶺側成峰，遠近高低各不同。不識盧山真面目，只緣身在此山中。」這首詩前半段啟發我們：同一事物，從不同位置觀看，有不同風景。細細品味，古人見解與「沒有唯一真理，只有多元詮釋」的後現代精神遙相呼應。而詩的後半段則是另一種提醒：人位於山中，極難辨識山之形態。蘇軾在另一古文《超然台記》中進一步探討「人」與「物」的關係：

彼遊於物之內，而不遊於物之外。物非有大小也，自其內而觀之，未有不高且大者也。彼挾其高大以臨我，則我常眩亂反覆，如隙中之觀鬥，又焉知勝負之所在。是以美惡橫生，而憂樂出焉，可不大哀乎！

法國歷史學家、思想家福柯觀察到，在現代社會的精神病學報告中，反覆出現「心理不成熟」、「不健全的人格」、

「自我的軟弱」、「性格錯亂」等論斷。這些單薄描述使精神健康問題被視作個人內在的缺陷與不足，定位在身心內部，成為去脈絡的存在。現代社會透過知識／權力的運作，使問題內化於人，個人日益成為被注視與評估的對象（傅柯，2010；麥克‧懷特，2008）。

敘事理念認為，問題是問題，人不等於問題。問題是社會、歷史和文化的產物，不應與個人身分捆綁（麥克‧懷特，2008）。當問題被視作物體，我們有機會回到主人的位置，與問題拉開距離與空間，去探索人與問題的關係，看見故事中的縫隙，也更有空間移動自己的位置，對問題進行回應。

敘事實踐中的外化理念，與蘇軾山外看山、遊於物外的思想，似有異曲同工之妙。本文記錄在地知識的尋覓之旅，通過檔案和信件幫助我們外化問題，對稍縱即逝的知識進行探索、留存與傳播，並通過故事的分享聯結和貢獻彼此的生命。

## 「乾涸」的故事

小樂是20多歲的青年男性。他說自己似乎在大學畢業幾年後「失去支撐」。過去在校園裡有親密朋友，可以享受自己的小圈子，如今畢業後很難再見到老同學，考研求職都遭遇坎坷。他提到，「進入圈子」需要先「自我實現」，而為了「自我實現」又得要「有一個圈子」，目前兩者對自己都遙不可及，讓他有時感到「大街上每一個人看上去都比我好」。為應

對這些困境，他努力備考和找工作。他曾在朋友的建議下去精神科就診，被診斷為「抑鬱狀態」，但他認為這個診斷不太符合自己的情況。

診斷往往是單薄的描述，裝不下複雜的生命歷史和故事脈絡。Druker（2014）建議我們瞭解診斷對來訪者的意義，若診斷符合來訪者的主觀經驗，我們跟隨對方使用那個名詞，反之則一起尋找更合適的名字。由來訪者親自定義與描述問題，可以讓人們獲得更多掌控權、更清晰地辨識問題、更貼近自己的生活經驗和在地知識，並使敘事對話成為共同合作的探索。

小樂指著自己的胸口，說有一種很難受的感覺壓著他。這讓我嘗試使用外化對話和他一起探索困境，並重新為問題命名。幾次談話後，他認為「乾涸」是個貼切的名字，我用以下檔案與信件記錄「乾涸」的故事。

**乾涸的檔案**

姓名：乾涸
年齡：兩歲
好朋友：「病毒」
作用：令人身體不適；影響人的食慾和休息；帶來負面情緒；令人缺乏力量
乾涸喜歡的場景：沒有進水，只有出水時，比如需要公開發言的場合
乾涸不喜歡的場景：社團；詩社；諮商室

應對策略：

A. 增加進水：和真誠的人聊天；讀一些有共鳴的書；參加社團或小組；和李老師、姐姐、朋友在一起；約見諮商師；聽歌、按摩、吃好吃的東西；找新工作；參加聚會；自由幻想；聊八卦

B. 減少出水：降低消耗，保存自己的狀態，減少外界接觸；尋找空間和自己獨處，和貓在一起；減少需要公開表達的工作；降低對自己的要求

「應對乾涸」同盟：姐姐，李老師，朋友，小說裡幻想的人物

「應對乾涸」的話語：你是重要的；去行動吧

小樂：

　　你好！很感謝你願意和我分享你的故事，它們很珍貴，幫助我更瞭解你面對的難題，也許這些瞭解能幫助更多遇到相同困境的人。我現將我們談話的內容做一個回顧，所用的大部分都是你的字句，如果有疏漏或錯誤的地方，隨時歡迎指出，如果你有新的想法，也歡迎豐富它們。

　　有種狀態一直纏著你，但過去幾次，我們都沒有找到一個適合的名字形容它。我們曾經叫它「失去支撐」、「缺少動力」、「帶刺的圓錐體」等等。你曾懷疑這是一種疾病，也曾就醫，但「抑鬱狀態」這樣的詞似乎不夠準確。你曾想找一份工作，盼望新的身分會帶來幫助，也為此付出了很多努力，於是找到新的教師工作。可這些天它變得好劇烈，而且不能輕易地平復，外界的身分認可不足以補償這種乾涸。在敘說過程

中，你分享對它的見解，就像兩個管子，如果一個管子出水，一個管子進水，你就可以保持平衡。可是現在，好像只有一個管子在出水，沒有管子進水。你的見解幫助我們把這種狀態取名叫「乾涸」，我想這是一項新的成就！

「乾涸」令你身體疼痛，感到冷；令你不能正常吃飯和睡覺；讓你無法思考，怕見到人，沒有辦法繼續備課和講課。它讓你放棄工作，在這種狀態下逐漸失去每個小小行動的信念和動力。它也讓「敏感」這個曾經可以給你帶來靈感和想法的特質，失去積極作用。

但你仍然一直在思考怎樣找到新的可能性，調整這樣的狀態。我們也一起討論出部分面對「乾涸」的策略，包括增加進水和減少出水。你說：「增加進水更重要」。事實上，儘管現在進水非常困難，因為那些能給你帶來能量的人，似乎都離得很遠，你已經做出了一些行動，並在計劃著未來。

回首過往，你和我分享一些「進水」較多的場景。你希望日子有更好的狀態，可以好好工作、交流，內心有所寄託；你懷念和老師、姐姐、朋友在一起的時光，雖然他們不在你身邊，但你很確信她們會因你有這樣的狀態而真誠地為你感到高興，他們或許會說「你是重要的」。

你探索對未來的想像，思考各種工作的意義。你談到「真誠」對你的重要，也說起之前任教的學校對學生的管理讓你感

到不平，希望學生們也有「進水」和「生長」的狀態。你希望有姐姐或和她相似的人在身邊，或許未來自己可以去自閉症兒童的機構實習。

我猜想你和「乾涸」狀態相處的過程中，是否也逐步瞭解它的脾性，研究和掌握了關於它獨特的知識？我從你身上學到很多從專業人士那裡學不到的經驗。關於「乾涸」的檔案，主要是由你貢獻，如果你還有更多關於它的資訊，非常歡迎補充，或許其他同樣面對乾涸的人將為此受益匪淺。

## 「陷阱」的故事

當小樂第一次說起「大街上每個人看起來都比我好」時，當他提到無法「自我實現」時，我心中就保留著一份好奇：他遇到的問題是否與主流文化對人的評估有關？我們的時代是否對一個人的「自我實現」有著特定標準？他所處的文化情境，是否對於他的性別、學歷、年紀、生命階段等等方面有著特別的期待？

在後來的談話中，小樂說起自己重視的價值是「自由生長」，但「沒自信」的感覺始終如「病毒」一般影響著自己，帶來「乾涸」等情緒。這讓我知道，「乾涸」不僅與重要關係的失聯有關，或許也與主流論述對人的壓制有關。我留心傾聽支持「乾涸」及「病毒」的論述，並尋求合適時機探索它們。當我問到他是否想到是什麼限制了「自由生長」時，他認為

「是一些來自外界的要求」，並把它們命名為「陷阱」，於是我們共同探究關於「陷阱」的在地知識，以信件記錄：

小樂：

　　當我問到「是否留意有什麼限制了你的自由生長嗎？」你說是那些「不明確卻很嚴厲的要求。」這些要求通常以這些形式出現：

「文筆要更加優美。」
「工作要積極盡責。」
「社會地位不能下降。」
等等。（期待發現更多）

　　你說這些要求來自「錯誤歸因」。你把這些要求形容為「機關」或「陷阱」，如果是故意的，它就屬於「邪惡」的；如果是無意的，它就屬於「傲慢」的。「陷阱」通用的技倆是「欺騙」，它騙人們「這個要求是你自己的」，於是帶來很多「隱形傷害」：

給人「受批評」的感覺；
使人認為「是我不好」，引發自責的情緒；
讓人榨乾自己；
讓人「挫傷」，「沒信心」；
讓人體會到「弱小無力」、「頹廢沮喪」；
製造失敗感、製造焦慮。

同時，當人們用玩世不恭、敷衍的「油」或「脆弱」的「喪」去面對時，它也「騙了自己」。你說你看到很多人「上當」，你看到大家自責。「陷阱」特別青睞年輕人、沒有經驗的人、成功比失敗多的人。你觀察到識破陷阱的方法有：

增加生活經歷；
以更廣闊的視角看問題；
給自己的觀念有轉圜的餘地，認識到某些結果並不是個人所能左右的；
增加容錯空間；
發現這些標準是虛無的。

　　你談到「吃藥」和目前的狀態或許也是「反對它」。識破陷阱後，人們就知道這些要求「不是內在的」，就「不會自我否定」。同時，你亦想到一些方法去對付陷阱，比如「機械地應對陷阱」，與其「共存」，不讓它傷害自己；做更不受限制的事，比如玩社團、寫自由的讀書報告；換一個老闆，偷偷保持「辭職」與退出的能力；到一些鼓勵創造和獨立的地方，比如尋找價值多元的學校和工作場所。

　　特別感謝你分享關於陷阱的智慧和見解，我猜可以幫助很多為其所困的人！

## 外化敘事檔案

Epston（2001）對於來訪者面對問題時的在地知識感到著迷。他夢想做一個檔案學者，和人們共同研究問題，並像集郵般收集人們面對問題時累積的知識與技能。他啟發我留存人們關於問題的獨特經驗，並以如下理念反思自己的實踐。

**1.外化敘事檔案是不同於病歷的另類檔案。**現代檔案往往以人為認識對象，專業評估使人置於被描述的網路中，各類檔案限定了人們對自我的理解（傅柯，2012）。外化檔案不以專業知識描述個人，而是努力使問題及其脈絡可視化，使人與問題的關係被重新描述。檔案中更多使用平常、詩意、生動的語言，文學性多於診斷性（麥克・懷特，2018；黃綺薇，2021）。例如，乾涸、陷阱、繩索等名字充滿了靈動與創意，取材於人們鮮活的日常經驗。它既區別於精神醫學中的診斷分類，也補充診斷手冊中無法概括的複雜經驗，使問題呈現更豐富多元的樣貌。當來訪者用貼近生活的語言描述問題，也更容易讓檔案的閱讀者產生共鳴和啟發。

**2.記載多重故事。**問題往往講述缺席的珍貴事物（Combs & Freedman, 2012）。只有充分理解困境，才有機會更清晰地聽到對困境的回應（Denborough, 2008）。在檔案和信件中，共存問題故事和支線故事，它們可能包括：（1）來訪者回應問題的經驗、行動、策略、技能，如小樂增加進水、減少出水的方法，對陷阱的識別和應對。（2）問題背後隱含的價值、

信念、盼望、夢想，如對未來「好好生活」的期待，對「真誠待人」與「自由生長」的渴望。（3）生活中的重要關係，如小樂提到可能見證自己不同故事、給自己帶來支持的人。

3. **強調來訪者的貢獻**。故事檔案是一種共同創作，來訪者是優先的作者（麥克·懷特及大衛·艾普斯頓，2018）。它提醒我反思：誰具備命名的權力？誰最熟悉問題？誰是知識的主體？我努力捕捉來訪者在對話中稍縱即逝的語言，在檔案及信件中引用對方的原詞原句。在信件中我註明來訪者的貢獻，它們的獨特珍貴之處，與可能帶來的有益影響，如帶給諮商師的學習和啟發、對相似受困夥伴的幫助。在編輯檔案時，我意識到自己在揀選內容上的特權，以及僅能呈現有限情節的限制。故事一直在流動，任何檔案都不是最終檔案，因此我寫信時邀請來訪者持續進行調整與補充。

## 故事的聯結

剛開始嘗試通過外化對話與小樂討論問題時，問題命名變換了幾次，對話卻難以展開，小樂常低頭嘆息，似乎難以表達遇到的困境，他希望我不要問那麼多問題。儘管探索問題的對話困難重重，但他卻對討論別人的事抱有極大熱情，探討明星八卦是他的一大愛好。往後的敘事學習讓我明白，探索故事的路徑可以多樣，不一定要先苦後甜，而這些八卦裡也有很多值得探索的熱情與渴望，但當時的我卻因為不了解明星八卦而十分苦惱。

小樂後來告訴我：「討論別人很放鬆，因為有一段距離。」我想到小樂在第一次對話中提到，畢業後他「離開舊師友」、「失去圈子」、「失去支撐」。長久以來，他獨自面對求學、求職的挫折，獨自面對「頭痛」、「失眠」、「難受感覺」的困擾。他說到的「失去支撐」，這支撐中有過去重要的人際關係。這時他更願意談談輕鬆的話題，聊聊他在意的人，而不願開啟一場面對問題的「獨角戲」。在一些專業論述裡，拒絕正視問題、顧左右而言他，會被視為來訪者的阻抗與回避，也可能讓諮商師感到挫敗與自我懷疑。然而，這些討論別人的熱情，是否也傾訴著他對往日時光的懷念，對重要她／他人的珍視，以及對關係的渴望？重新連結失落的關係，是否可能是重新找到支撐的解藥？

　　因此，在探討「乾涸」問題前，我們花了一些時間進行重組會員對話（梁瑞敬，2021），在敘舊中與他的重要他人重逢。有一次我們聊到他和李老師的故事，李老師是小樂上大學時的諮商師，目前在國外，小樂很樂意把那次談話說到的故事與李老師分享，於是我以文字記載兩人相遇的緣分及對彼此生命的滋養，給李老師發送郵件。

親愛的李老師：
　　展信佳！在和小樂談話的過程中，他談到在一次面試中「自己的視角」和別人不一樣，會更關注學生的差異和需要。我得知「以人為本」是對他很重要的價值。當我問到他從什麼事或人身上接觸到這樣的價值，他談到了「儒家」思想，也談

到了妳。通過重組會員的對話，我也有幸瞭解妳在他心中的位置。小樂和我分享了他如何帶著對心理諮商的「戒心」認識了妳的故事，他一見到妳就「什麼話都可以說」。其中有一些讓他印象深刻的片段。一次是有一段時間，他很久沒跟他人說話，「想死」的念頭不時出現，好像有什麼東西堵住。妳讓他想像一個生長的「球」，去感受它的力量。還有一次，當喜歡的人要離開，他不斷打自己的頭，妳會對他說「你去呀，去幫她收拾行李，問問她要不要幫忙」，儘管妳也有和小樂說，聊到這樣的話似乎有一點突破了諮商的設置。小樂有去聽妳講授的「人本主義」的課，這樣的指引讓他對「人本」的概念更清晰。畢業後，妳也會根據自己的專業判斷和經驗，幫助他挑選諮商師。

當我問小樂妳在他的人生中有什麼貢獻，他談到妳帶給他「指引」、「支持」、「力量」、「被懂」、「溫暖」和「鮮活」。妳帶給他「暖流」、「活泉」的感受。他說自己是個對「孝道」不感興趣，而妳是唯一一個讓他覺得像「理想中的媽媽」的人。妳曾經對他說「你是重要的」。妳讓他「很相信自己的決定是可以做的」，不論結果為何，「把自己那一面放大」，看到「主動」。就像喜歡的人不一定能追到，但「愛」這個行動是重要的。如今這樣的信念也仍在繼續支持著他，比如他談到，離那個教師的夢想還很遠，結果未知，但他會看到自己做著一道道化學題的過程。我想我會好奇這個信念如何持續影響著他其他的方面，影響他成為老師的夢想和與未來學生的關係。

在他的眼裡，妳是「理想的媽媽」、「有足夠的專業自信和經驗」、「關心學生」和「熱情」。而當我問他，他在妳的人生有什麼貢獻時，他說好像沒有。因為妳已經是個「足夠成熟的諮詢師」。我讓他猜猜在李老師的眼裡他是什麼樣的人，他說很後悔在畢業前沒有問問妳這個問題。他猜，大概在妳的眼裡自己是個「有自己的能量」、「特別」、「有意思」的學生。因為他在妳面前時常會「爆炸」，妳似乎會認為他在「憤怒」中有「特別的能量」。

他非常願意讓妳聽到這些故事，希望在心靈上能和妳保持著某種聯繫，在此分享給妳。

收到郵件後，李老師回覆道自己為這份超越時空的聯結而感動，小樂的惦記讓她備受鼓舞，也對未來的諮詢工作有更多信心。聽到李老師的消息，小樂十分開心，這也讓我有將他的故事與更多人聯結的想法。

「個體化」是現代社會的顯著特徵。現代社會在包括人生成就、心理健康、生活方式等各方面制定統一規範，通過各種「表現」量表測定個人差異，對人們進行分類、比較及區別對待，劃分每個人的等級和差距，迫使每個人被分配精確位置並鑲嵌其中，被迫成為彼此分隔的孤立原子（傅柯，2012）。在關於精神健康的主流論述中，心理困境往往被視作私人問題，這使得問題被特殊化，孤立與自責進一步加重問題帶來的負面影響。集體敘事理念協助人們「透過我們說」，而不僅僅是

「對我們說」（Denborough, 2008; Stout, 2010）。Hansaker認為「故事的聯結是一種抵抗行動，可以減少現代社會中的個體化與孤獨感」（2012, p.3）。通過故事分享，問題讓人們互相聯結，而非彼此疏離。每個人回應問題的獨特知識，都有機會為掙扎在相似困境中的人們發聲並帶來幫助。除了為在地知識存檔外，外化敘事檔案還可以通過收集和分享故事，為遭遇相似困境的人們帶來支持，從而聯結不同生命。

敘事實踐對傳統心理諮詢有很多創新與突破，如使用社員見證人等方式為故事徵召更多聽眾（麥克‧懷特，2008）。然而，當我真的嘗試將小樂的故事分享給更多人時，心裡卻經歷著衝突與忐忑，總覺得自己的做法不符合某種常規的倫理設置。後來閱讀文獻時發現，原來經歷類似掙扎的不只我一人。Hansaker（2012）談到在傳統諮商理念及規則裡，諮詢情境被認為應該有邊界、可控、純粹及安全；諮商師是設置和主導規則的人，被鼓勵去建構諮商邊界，而非擴展情境，讓一切更複雜；而諮訪關係及邊界設置也被視為工作帶來療效的核心因素。Hansaker認為重新檢視這些被視作理所當然的假設，以及諮商情境中的權力運作，會為我們的工作帶來更多創造性。

後現代的倫理不再是放諸四海皆標準的守則，而是不斷在行動中進行持續的反思（吉兒‧弗瑞德門及金恩‧康姆斯，2000）。這為工作帶來更多可能性，也為實踐者帶來更多不確定，使得新手上路可能「步步驚心」：把故事帶出諮商室，會不會讓來訪者感到不舒服、讓來訪者迫於諮商師的壓力而無法

拒絕、又或是破壞彼此信任的關係？通過如下細節，我嘗試在這個過程中建構尊重、平等及透明：（1）向來訪者介紹自己的想法和意圖（黃綺薇，2021），如為寶貴知識存檔、貢獻更多受困者、聯結不同故事等；（2）「去中心」地邀請（Handsaker, 2012），瞭解分享或交換故事是否符合來訪者的偏好，讓對方有選擇的空間；（3）以平等合作的姿態與來訪者探討可能存在的疑慮，確認過程中的細節，如可能分享哪些內容、分享給誰等。

瞭解故事如何聯結不同生命前，讓我們先透過下面的檔案和信件簡要瞭解小津的部分故事，在另一篇文章裏我曾對他的故事有更多介紹（曹爽，2021）。

## 「不安」與「第三隻眼睛」

小津是30出頭的青年男性，曾長期處於失業情境，被診斷為「抑鬱」。後來他找到了新工作，卻又遇到了經常出現的「不安」，以及支持「不安」的「第三隻眼睛」。

「不安」
姓名：不安
自我介紹：正走在一條路上，前方有很多選擇，非常猶豫，沒有自主權；後面是一片黑暗，但前路沒有頭緒，也不知道哪個方向適合自己
年齡：1歲

發源地：不得不走的路

常出沒的環境：等級森嚴的工作環境；偏離真實想法的地方

常出沒的時刻：聽到冷漠的想法、被強加建議、得到不公正的評價

影響：自我懷疑、不自信、挫敗感、無力、逃避、痛苦的掙扎；對困難畏懼、對未知擔憂；走一步，想十步；無從下手的迷茫；讓生活一團糟

面對不安的行動：

1. 看一些有價值、開拓眼界的書：讓自己內心柔軟，開放

2. 背單詞：讓自己向理想的方向前進

3. 做一些具體的工作：體現責任感和價值

（這些行動讓自己從社交環境抽離，朝正向的方向去走。）

重視的價值：平等、尊重、真誠、自在

例子：在工作中嘗試著真誠地對待別人，比如面對年齡比自己小的新進同事，會坦誠相處，幫別人寫文章，把功勞給他人；和其他人分享軟體，嘗試傳遞出一些公正平等的價值觀念，然而收到冷漠和狹隘的回饋，讓自己驚訝

願望和期待：能生活在一個更平等的地方


「第三隻眼睛」

姓名：第三隻眼睛

作用：鼓勵順從，壓制個性；帶來自我懷疑；讓人變得沉悶、不舒服、不自然；讓人開始懷疑自己、嚴格要求自己；既不能果斷拒絕，也不能自然地披著外衣；叫人放棄反抗；造成「鐘擺」般的「分裂」與「不安」——「一邊是糖果」，「一邊是

夕陽」；糖果易得不喜歡，夕陽喜歡不易得

語言：「你看別人拿著糖果，多麼快樂，多麼自在」、「你為什麼和別人不一樣」

地點：由制度播種，在內心生長

同盟：過往的失敗；社會環境；其他「披著外衣」的人

小津：

　　有幸聽你分享「第三隻眼睛」的故事。你說自己碰到一個兩難情境。公司有一項不合理的政策，你知道自己傾向拒絕，但有一些擔憂令你難以拒絕。你告訴我這是「第三隻眼睛」所造成。你說它是被體制種下，在人的心裡成長。它讓人非常嚴厲地對待自己，甚至超過外界的要求。第三隻眼讓你看自己時有「分裂」的印象，既不能「剛烈」地去你想去的方向，又不能自然地披著外衣。你知道你的心中有個烏托邦，嚮往自由。可是第三隻眼睛創造了一個「鐘擺」，你不能在任意一端停下。你說這個鐘擺，一邊是糖果，一邊是夕陽。你更喜歡夕陽，但它太高了。糖果更容易拿，但你不喜歡。第三隻眼睛告訴你：「你看別人拿著糖果是多麼開心，多麼自在。」；同時它向你提出嚴厲地要求：「你為什麼不去做那些大家都在做的事情？你為什麼不可以做？」我想知道，夕陽裡有些什麼美好的東西？是什麼讓你沒有完全向「第三隻眼」投降，保存了鐘擺的另外一端，即使「第三隻眼」一直嘗試說服你？我期待著聽到你新的探索，隨時歡迎你在「第三隻眼」的檔案裡加上更多情節！

真誠的共同研究者

## 回響與貢獻

　　儘管人們各有獨特的生活經歷，但仍可能在故事脈絡與上分享相似的主題（Hansaker, 2012）。我發現小津和小樂的故事有很多相似之處。例如，他們都曾遇到事業困境，處於孤立的生活環境，有過抑鬱診斷經歷，在外界期待下經歷過迷茫、不自信、失敗感；他們也同樣沒有放棄尋找出路，沒有放棄心中珍視的價值信念，如真誠、自由、樂於助人。當我詢問小津是否願意傾聽小樂的故事，並作為社員見證人進行回應，他欣然應允。我將與乾涸、陷阱等檔案與信件唸給小津聽，並以定義式儀式的對話（麥克・懷特，2008）邀請他進行回應：

　　我：聽到小樂的故事後，想邀請你談談，有沒有什麼地方讓
　　　　你印象深刻？

小津：機關陷阱的部分讓我想起自己的經歷。我之前失業了，
　　　　也為別人的期待感到困擾，就是那些來自外界環境看不
　　　　見的影響。當我處在特別困難的時期時，這些要求會被
　　　　無限放大，讓我忘記自己想要的東西。我印象深刻的還
　　　　有他分析陷阱的能力，他知道陷阱是被外在標準強加
　　　　的，而不是自己喜歡的，而且他可以做一些事情去逃離
　　　　陷阱，我認為這個很重要，也很珍貴。因為在那時候，
　　　　我可以感覺到這些要求不是我自己需要的，否定自己是
　　　　不公平的，但「抑鬱」讓我很消極，我有種罐子被破摔
　　　　的心態。但我看到小樂很堅韌，他承受了很多困難後依
　　　　然保持著活力和希望。

我：我聽到你談了讓你觸動和共鳴的地方。在小樂的故事裡，你猜想他重視和渴望的是什麼呢？

小津：因為失業和其他不利條件，我們會被社會評判，而且這些評判會被無限放大。一個人在舒適的環境裡也會聽到這些話，但當你有比較強大的內心時，有可能會忽略它們。當你經歷像失業或抑鬱這樣的困境，這些話會很傷人。他提到某些時刻可以幫助他從乾涸與陷阱的狀態逃離，像是快樂的時刻。我感受他對自由的嚮往，這些嚮往會把他帶到一個新的位置。他可以去分析機關陷阱，做自己喜歡的事，選擇自己真正想去的方向。

我：還有哪些地方讓你感到共鳴和欣賞嗎？

小津：我感受到對自由的嚮往，還有一種真實的狀態。比如他提到一個期待——「不要降低你的社會地位」。這一點對我來說也是陷阱。我想起以前我從一個機構突然退出，選了別的工作。對我來說，這是對嚮往生活的一種邁進。但在別人眼中，這就是一種社會地位的下降。這時就會有一個聲音告訴你：「你不該選那條路！」

我：聽到這些故事會給你一些啟發和幫助嗎？

小津：一開始我聽到乾涸的故事，覺得他的生活很艱難。如果我在那個情況裡，可能會很無力，因為「抑鬱」會輕易地摧毀你最後一點自信，你會變得非常消極，即使你有個美好的夢，你也沒有動力去堅持。但當我聽到陷阱的故事時，我很驚喜地發現，他在這種非常不利的環境下，依然很冷靜地應對種種挑戰，還嘗試以不同的方法去看待和解決問題。最重要的是，我們遇到相似的困

境。即使我沒有面對面地看見他，我聽到了他的故事，對我是一種互相鼓勵。我以前會在陷阱裡放棄，不想再改變或抵抗什麼，最後讓自己委屈求全，但他的分享讓我感受到自己是可以做些什麼的，這是一種鼓舞。

當小樂聽到小津的回應時，很開心他的故事對別人有所幫助。他也更堅定地去分辨那些不適合自己的外界要求，更加堅定地靠近自己重視的事物。

## 特別檔案：現代權力

聯結小樂與小津的故事，讓我印象深刻的是失敗感對他們的困擾，他們與主流論述斡旋的經驗，以及對「社會評判」的控訴與抵抗。「第三隻眼」的名字更是生動描述「外界要求」如何讓人將注視的目光轉向自己，讓我想起傅柯筆下對圓形監獄的描述：

在環形邊緣，人徹底被觀看，但不能觀看。在中心瞭望塔，人能觀看一切，但不會被觀看到⋯⋯現代社會猶如環形監獄，工廠、軍隊、學校、醫院等共用權力的機構則形成監獄群島（傅柯，2012，頁208）。

關於正常的評判隨處可見。我們的社會充斥著來自教師、醫生、社工的種種評判⋯⋯普世的常態在這些評判上建立，每個人將自己的身體、姿態、行為、態度交給了這些評判。毛細

血管般的觀察、監督和介入形成了權力的網路（傅柯，2012，頁304）。

White（2002）認為，在充斥著無盡期待和評判的現代社會，失敗感隨處可見；它們以缺點、不足、自卑、不夠好等形式出現，卻正是現代權力的產物。現代權力塑造了人們的生活，持續邀請人們複製文化常規，評判別人和自己和的生活。不符合這套常規時，人們就會認為自己的人生是不正常、無價值、充滿缺陷的。但傅柯對權力的觀察不等於絕望的哲學，反而為我們開啟了回應困境的諸多可能性：

如果權力的運作分佈四周，對權力的反抗和拒絕也隨處可見；如果專業學科在現代權力的散播中扮演關鍵角色，心理治療的文化就被至於權力技術的中心地位；如果我們可以尋找和識別到現代權力的運作，我們就可以質疑其影響，並發展出「反權力技術」的方法，幫助人們對抗主流文化的注視（White, 2002, p.36）。

看見文化的建構並不等同被動，反而讓人們回到主人的位置，反思主流標準的影響，在種種限制中思考如何創造更多可能。任何在權力的策略中仍試圖識別與拒絕的微小行動，察覺出「陷阱」的詭計，看見「第三隻眼」的運作，都是令人欣賞且備受鼓舞的。這些故事與知識值得被看見與記載，也啟發我加入自己學習的理論知識與在地知識（傅柯，2012; White, 2002），為現代權力草擬一份特別檔案。這是一份開放的檔

案，需要集體的創作。歡迎各位讀者留心日常生活中的現代權力，以及與之相處的經驗，不斷補充與完善它的資料。讓我們帶著好奇去觀察它，而不是被它觀察。

### 「現代權力」

姓名：現代權力

發源地：現代社會

可能的頭像：量尺、圓形監獄、無處不在的眼睛

目的：發揮積極作用、加強社會力量、發展經濟、傳播教育、促進進步；製造馴順有用的人

特點：隱匿、流動、複雜、高效

特殊能力：邀請人們主動參與權力的遊戲，進行自我監控與評估

喜歡：常態化判斷

不喜歡：多元和脈絡

作用：生產知識、現實、身分；在各方面畫分正常的標準，造成必須整齊劃一的壓力；鼓勵人們根據與常態的差距，無限靠近該常態；製造失敗感；帶來孤立感；排斥多元，製造單一的故事和身分，邊緣化不一樣的生活和思考方式

常見形式：真理般的標準、要求、期待、「應該」、各種量表

運作方式：和知識密不可分、互相促進，透過真理／論述／常態化判斷運作；自己不可見，使對象可見，任何一個目光都將成為權力整體運作的一部分

傳播途徑：彌散在我們生活周圍的社會關係中，通過流行文化傳播，也通過專業學科的知識不斷發展各種技術與策略

常去的地方：抵達日常生活的細枝末節，如衣食住行

可能的形式：新聞媒體、商業廣告、明星的服飾妝容、人們的日常交談、考試排名和座位表等

應對的策略：讓它變得可見、可被探討；識別陷阱、揭露理所當然的觀點；拒絕按照現代權力的要求衡量自己和別人；尋找多元，探索更多選擇和可能性，嘗試不一樣的生活和思考方式；探索與社會文化的關係，尋找自己的偏好

## 在地知識：回顧、反思、想像

古人云：「三人行，必有我師」，說的正是每個人都具有獨特的在地知識，而它們正是在社群中被互相分享與學習，不斷建構與更新。敘事對話是雙向的關係，可被看作「在地知識的互相饋贈」（葛思恆，2021；Epston, 2001）。讓故事在廣闊生活領域進一步被見證與拓展，往往帶來諮詢師角色難以單獨具備的效果（麥克・懷特，2008）。如果個體諮商可以激起小小的浪花，故事的分享則帶來美麗的漣漪，蘊含著改變世界的可能。

回看本文記錄的實踐，仍有許多遺憾與困惑。比如，檔案記錄僅片段性地呈現故事，以此作為見證材料，或許無法充分呈現背景脈絡。又如，當我邀請小津聽到小樂的故事並進行見證，卻未向小樂分享更多小津的故事。有時我聽到不同人群對所遇困境的生動描述，如疲憊的灰霧、壓力的繩索、自我期待的皇冠，也聽到人們面對問題「廬山」的寶貴經驗技能，卻未

能及時存檔；有時由於沒有提前告知分享可能性、擔心被對方拒絕等原因，未能向人們發出橄欖枝，也未能使很多「內在知識」（insider knowledge）成為公開知識。直到遇到下一位相似經歷的來訪者時，才發現自己又錯過一個聯結的機會、一個讓寶貴知識發聲的機會，從而深感後悔。至今，我仍在摸索如何以更好的方式「把故事帶出諮商室」。儘管實踐中總有很多「不夠好」的地方，但我也在學習不落入現代權力的陷阱與注視，讓它們成為衡量自己的標準。反思不會停止，回看自己笨拙卻真誠努力的姿態，是今天的我一直想記得並常常溫習的。

我也想像未來是否有這樣的可能，人們不再視精神健康問題為見不得人的、孤獨的、避之不及的事，而能真正把問題與人分開，把困境視作我們每個人生命路途上都可能遭逢的境遇。若以故事的描述看問題，它也可能是一種藝術、一本書、一首詩、一幅畫、一段風景、一個遊戲。儘管來訪者為問題受苦，卻絕不是「有問題」的人，而是與問題棋逢對手的俠客、歷盡千難萬險的探路者、深諳問題藝術的藝術家。漫漫旅途中，她／他們為其他旅者提供指點迷津的旅途錦囊，值得被學習與取經。檔案實踐正如歷史上的圖書館，讓人們可以彼此借閱故事，促進知識的民主化（Epston, 2001）。

我還想像著更多可能性，如有沒有可能讓敘事檔案成為開放的資料庫，為各種各樣的問題舉辦一個展覽？在這個展覽裡，在地知識閃閃發光，面對問題的技能成為公開取用的攻略，大家共同討論著人生的關卡與過關的經驗。我相信在不同

實踐場域，可以進一步探索各種豐富的可能性。

## 參考文獻

曹爽（2021）。故事外的故事：文化、權力與論述。秦安琪、曹爽、梁瑞敬、黃綺薇、葛思恆合著。**重新詮釋人生風景 用敘事治療改寫命運，為生活找到解方**，頁53-79。張老師文化。

傅柯（2010）。**不正常的人**。錢翰譯。上海人民出版社.

傅柯（2012）。**規訓與懲罰**。劉北成／楊遠譯。生活讀書新知三聯書店.

葛思恆（2021）。尊重與自重——當事人與輔導員的互動。秦安琪、曹爽、梁瑞敬、黃綺薇、葛思恆合著。**重新詮釋人生風景 用敘事治療改寫命運，為生活找到解方**，頁223-254。張老師文化。

黃琦薇（2021）。送給你的——敘事檔案。秦安琪、曹爽、梁瑞敬、黃綺薇、葛思恆合著。**重新詮釋人生風景 用敘事治療改寫命運，為生活找到解方**，頁200-222。張老師文化。

吉兒·弗瑞德門及金恩·康姆斯（2000）。**敘事治療：解構並重寫生命的故事**。易之新譯。心靈工坊。

麥克·懷特（2008）。**敘事治療的工作地圖**。黃孟嬌譯。張老師文化

麥克·懷特及大衛·艾普斯頓（2018）。**故事知識權力：敘事治療的力量**廖世德譯。心靈工坊。

伊森·沃特斯（2016）。**像我們一樣瘋狂——美式心理疾病的**

**全球化**。黃曉楠譯。北京師範大學出版社。

Bruner, J.（1990）. *Acts of Meaning*. Harvard University Press.

Combs, G. & Freedman, J.（2012）. Narrative, poststructuralism, and social justice: Current practices in narrative therapy. *The Counseling Psychologist*, 40, 1033-1060

Denborough, D.（2008）. *Collective Narrative Practice: Responding to individuals, groups, and communities who have experienced trauma*. Dulwich Centre Publications.

Druker, A.（2014）.What to do when a diagnosis doesn't fit?. *International Journal of Narrative Therapy and Community Work*,（4）, 16–23.

Epston, D.（2001）. Anthropology, archives, co-research and narrative therapy. In D. Denborough（Ed.）, *Family therapy: Exploring the field's past, present and possible futures*, pp.177-182. Dulwich Centre Publications.

Foucault, M. & Gordon, C.（1980）. *Power/knowledge : selected interviews and other writings, 1972-1977*. Harvester Press.

Foucault, M., Martin, L. H., Gutman, H. & Hutton, P. H.（1988）. *Technologies of the self: a seminar with Michel Foucault*. University of Massachusetts Press.

Geertz, C.（1983）. *Local knowledge: Further essays in interpretive anthropology*. Basic Books.

Hansaker R.（2012）. Opening up the counselling room: The joining of stories as a political act. *International Journal of Narrative Therapy and Community Work*,（3）, 1–9.

Stout, L.（2010）.Talking about the 'suicidal thoughts': Towards an alternative framework. *International Journal of Narrative Therapy and Community Work*, （3）, 3–15.

Tamasese, K.（2002）. Honouring Samoan ways and understandings: Towards culturally appropriate mental health services. *International Journal of Narrative Therapy and Community Work*, （2）, 64–71.

White, M.（1995）. *Re-Authoring lives: Interviews & essays.* Dulwich Centre Publications.

White, M.（2000）. *Reflections on narrative practice: Essays and interviews.* Dulwich Centre Publications.

White, M.（2002）. Addressing Personal Failure. *International Journal of Narrative Therapy and Community Work*, 2002 （3）, 33–76.

Yuen, A.（2019）. Pathways beyond despair: Re-Authoring lives of young people through narrative therapy. Dulwich Centre Publications.

# 讀寫。另類。學習。敘事

葛思恆

這篇文章關於一個人的學習和成長過程，不是要定義，也不是學習指南。每個人都有其獨特性，特別是學習方法。謹此獻給在我學習路上，包容我的獨特性，曾經與我一起尋找應對困難方法的每一位。

## 第一部分：讀寫

我最有印象的學習經驗，是上學之前，母親教我綁鞋帶和寫我自己的名字，她總是教到發脾氣。母親總說我口齒不清（廣東話：黐脷筋），常說要用剪刀剪開我的脷筋。記得讀幼兒園的時候，我是頗受老師喜歡的學生，成績不錯，名列三甲。比起現在香港的幼兒園，當年的課程沒那麼艱深。但我永遠分不清「3」和「了」，寫「口」字，變成「O」，還以逆時針方向畫出來。忘了老師的反應，記憶中母親很在意，花了很多時間矯正。但隨著年月，這些「不達標」都不了了之。生在那個年代的草根家庭，能滿足基本生活需求就好。

升上小學之後，我的成績逐年退步，小一還在全校前十名，小六就跌至全級中下游。我最討厭的是沒有考試的美術科，老師曾以「理想的家」為題，在黑板畫了一間小屋做例子，我畫的卻是室內：有餐桌和餐椅、綠色的牆、當年很流行的大腕錶款式掛牆鐘，都是我嚮往的家居佈置，我還想把家人畫進去。小時候家裡窮得只有小摺桌，連餐桌也沒有，所以我當時的理想很卑微。結果，卻迎來人生中第一次被老師狠罵，說我沒有按照範例畫，而我堅持沒有錯。很多年後記起這件事，才知道當日執著的是「屋」和「家」的分別，但年幼的我也說不清堅持的是什麼。另一次，剛好是奧運年，那位美術老師出了另一個題目「運動場上」。從小我就很喜歡看電視的賽馬直播，若碰上賽馬日當天我獨留家中，我就會偷偷開電視看，可能是綠色的草地，也可能是重覆的動作令我著迷。奧運直播時，我特別喜歡看跑步比賽，總是想像著身處其中。結果，我的畫很大比例都是黑壓壓的觀眾席，只餘下一小角的跑道，也畫了田項的跳高。老師罵我「懶惰」，認為我只畫觀眾很敷衍，避開畫運動員的動態。可是，我們學校連運動會也沒有，而我只是按著電視上出現的真實運動場來畫。又一次，我默默地挨罵，就是這樣，美術科可以說是我在學習上連番敗陣的戰場。

雖然美術科的戰場激烈，但導致老師要見家長的誘因，卻是發生在數學課。當時正在教分數除法，我不明白為何後面的分數要把分母和分子對調。老師生氣了，叫我記住就好，我還是固執地說：「我不明白怎樣記呢？」結果，老師把母親請去

學校。其實我也不知道母親可以做什麼，她也不會教我數學。當時母親只好在老師面前，叫我不要弄明白，就死記吧！從那一刻開始，數學課成為我的刑場：凡是我搞不懂，也記不住的知識，都是我的錯。

最令我頭痛的是英文。由最少只有兩個字母組成的前置詞，到超過四個字母的詞都令我苦惱。要理解前置詞的用法，學著分辨「b」、「d」、「p」、「q」已算小菜一碟。好不容易學會大小楷，又要學草寫，二十六個字母變成一百零四個，還要被老師責備字寫得醜。四季和十二個月的英文，兩個暑假仍學不會，現在仍靠電腦糾正「February」，因此默書的時候，唯有畫字型。從小愛看《一休和尚》的我，就是不服氣，想跟一休一樣解決難題。後來我把意思和文字連繫上，為每個字想像動畫。這源自我很喜歡兩種水果，花了很長時間仍分辨不到「orange」和「mango」，邊吃邊想怎麼辦。於是喜愛看動畫的我把「orange」想像成是由圓型的橘變出來，把「mango」的「m」幻想成杧果核中間突起的部份。抽象一點的詞，就加上畫面情節，例如秋天的落葉化為「Autumn」向上向下彎彎弧度，「Winter」的「W」是冷得咬緊牙關的樣子。整天忙著在腦裡為英文生字編故事。

英文課是我的實驗室，當然也有不奏效的方法，反正我試得起勁，更以一項轟烈的實驗告別小學英文科。中學入學考試在六年級上學期舉行，眼看下學期校內考試與中學入學考試放榜的日子相距不遠，我以為小學最後一個學期的結果不會影響

到中學入學：「根本不夠時間由小學交成績到教育署，再通報中學。」不知哪來的信心，還是天真，我沒有想過入學考試會滑鐵盧，那就要靠小六下學期的成績叩門報讀較理想的中學。心中只盤算著，既然都不會影響中學入學的成績，用這次機會來做實驗最安全！我將研究項目命名為「如果完全不溫習英文會有怎樣的成績？」結果，成績表得了零分。回家路上，母親一直責備我最後一次默書都沒有好好溫習。我沒有回應，一直在想：「升上中學後要怎樣做，成績才不會跌得這麼快？」

在未有診斷的日子，以上每個學習片段，似乎都墮入今天某些特殊教育需要的定義。

## 第二部分：另類

母親說我很小的時候不愛閱讀，拿起文字書就會埋怨：「很多字啊！」然後去挑圖畫書讀，我記得當時最愛圖書館的立體書。家裡的書不多，最喜歡的是一套十冊，七十年代由台灣出版的史奴比中英對照漫畫，是阿姨打工的圖書館送出的舊書。在未上學時，我會纏著哥哥要他說故事，也愛伏在錄音機旁，聽兒童故事的卡式帶。小學低年級的時候喜歡聽電台的廣播劇，因此對衛斯理小說有興趣而讀過幾本；高年級的時候，因為很喜歡取材自金庸小說的電視劇而讀《俠客行》；升中學的暑假，因為電影《笑傲江湖》而讀原著。閱讀中文書的興趣，就是由不同媒介接觸到故事，產生好奇、想知更多細節而培養出來。

雖然如此，我學習中文也遇過困難：字的左右部件對調、筆劃較多就寫不來、橫排也讀得很慢。小學時，我發現「都」和「陼」都是有意思又真正存在的文字，「鄰」和「隣」、「夠」和「够」原來是相通。當我反過來寫時，只是「用了另一個字」，而不是「寫錯字」，頓時感到輕鬆得多。這份「我沒有錯」的喜悅，一直藏在心底，也代表著我與文字的關係。

　　升讀中學後，中文科的默背實在令我無能為力。中學一年級第一次要背書，我用錢當作獎勵說服自己背誦，把整篇《木蘭辭》抄寫在十元紙幣上，記住了課文內容，也記住了字在紙幣上的位置，但後來要背誦的實在太多，時間有限，唯有意會，再用自己的文字重寫作答；中學五年級那年，中文老師見我留校多番嘗試默背都未合格，也許見我成績不錯，她就放我走，我也樂得逃之夭夭，哪管同學認為是「不公平」。

　　讀中學最大的改變是校舍又大又光亮。雖然只是一間位於國民住宅社區內的普通校舍。教室左邊的窗向公園，右邊的窗向走廊。上課時我總愛看窗外的老樹，或者觀察有誰在走廊經過；溫習時，就靠這些畫面回憶上課內容。中學另一個新體驗，是在正規的運動場上參與陸運會。在跑道上猛力衝刺，身處空曠的環境，看台上的歡呼聲，讓我的身體留下了特別的記憶。這亦啟發我試著用不同的動作和音樂，例如邊走邊讀，或者到不同的空曠地方溫習，一邊溫習一邊聽歌，藉此幫助記憶。同學好奇我如何溫習，那時我不好意思說，也說不清。

中學的英語對我來說還是挑戰重重，當時的第一項任務已令我汗顏。每位學生都要取個可以在英文字典找到的名字，一來怕自己連名字也寫錯、二來怕聽不懂人家叫我的名字，反應不來。按著「字母少」的原則，我把範圍縮窄到只有三個字母。本來想叫「Joy」，愛其意喜樂，但發音跟「Joyce」相近。最終選了「Ada」，只要安頓好中間的D，兩邊都是A，字對稱；且每個字母的大寫都是對稱。我從小用「對稱」的方法認中文字，於是也用了這方法定英文名。解決了名字，又要應付閱讀報告，每學年我們都要讀十本課外書，當中至少三本必須是英文書。我會去公共圖書館的少兒部挑選以圖畫為主的書。當時我很喜歡羅賓威廉斯主演的《小飛俠（Peter Pan）》電影，升中三，連續幾年暑假都從圖書館借原著，可惜實在讀得太慢，唯有借中譯本，再草草翻閱簡易英文版。我用這方法勉強應付大學課程，是我未搞懂英語前的求生小撇步。

　　英文口語更是一場牽連甚廣的災難。本來我只在家人面前才多言，也很怕陌生人，很小的時候母親會帶我到尖沙咀東部找在那邊酒店打工的外婆。八十年代，尖沙咀有不少外國遊客，每次見到不同膚色或是身形高大的人，距離老遠我就已經怕得哭了起來，躲在母親身後，遑論溝通。這情況到小學才消失，但至今面對陌生人，我還是不知如何打開話匣子。因為遲遲未能掌握英文發音、字形和字義的關係，中三時，有次明明想說「race」，開口說了「rice」，引來哄堂大笑，我卻沒聽出分別，久而久之，口吃愈來愈嚴重。不論中英文，只要公開演說或是在班上答問題，同學總會露出一副不耐煩、鄙視的樣

了，漸漸，我更加不敢說話。無論怎樣準備，每次我也會張口結舌，腦海亦會忽然一片空白，不是把字吞回肚裡去，就是用盡全身氣力都使喚不動它們。畢業後，每當工作時要演說或接受訪問都是如此，為負責傳訊的同事添加工作量感到很抱歉。

我的中五畢業紀念冊，只有八位老師和三位同學的留言。每位都說我不苟言笑，有說我初中參加朗誦比賽口齒不靈光，會考班英文老師提醒我在公開考試前要多練習演說。更多的是說我用小聰明、還不夠努力、太看重成績、固執、目光太敏銳、說話太鋒利。中史科馮老師當時的觀察，鮮有地紀錄我情緒表達受學習經歷影響的狀態，感謝他讓我引用：

「……妳似乎不太懂得表達妳個人的情感，有時甚至有『害羞』的表現，誠然，很多人都是害羞的，但妳害羞的與妳的直率性格不大相協。」

於我而言，中學時期是抱著蒙混過關的心態，我亦對自己能升讀「精英班」大感不解。作為校內主修中國文學、歷史、地理，名列前茅的學生，卻沒多少人知道我背誦不了詩詞歌賦，常搞混歷史事件時、地、人。小學時成績急跌的恐懼一直籠罩著我，唯有暗自創造一些「不是來自老師」的方法，但這些小撇步亦令心虛一直未有離開。

當時香港的公開考試只為有肢體障礙、視障、聽障等考生提供支援調適。我渴望可以有更多的時間應考，但從沒想過要

提出。我的障礙在腦海中沒有被看見，也認為不會有人懂。中學兩次公開考試造成的恐懼，令我讀大學選修科目以考試比例較少為準則，同時亦為能捱到大學，有機會接受多樣化的評核而額手稱慶。

## 第三部分：學習

　　既然學業這麼艱難又令人沮喪，是什麼讓我堅持不放棄？成長中有兩個片段特別深刻。小學是一所規模很小的校舍，與一所有招收智力障礙和患唐氏症學生的特殊教育學校共享。我們在四至七樓，他們則在地下至四樓，我考試所在的教員室在四樓，走廊的另一端就是特殊學校。那時社會對唐氏症很忌諱，整個校舍給我的記憶都是黑沉沉的，我很怕經過特殊學校的範圍，除了怕黑，也因為裡面不時傳來大叫聲。有的老師或者家長會對成績不好的學生說：「再讀不好就轉到樓下學校。」有次，那位曾責備我的美術老師正在教書，有一位樓下的學生迷路了，走進我們的教室。那是我第一次看見特教生，看來就只是樣貌有點不同。他被老師喝罵離開，當下那個畫面令我感到很難過，我們明明都是人，只不過天生有些不一樣，為何他要遭受到這種待遇？因為這件事，加上之前提及這位美術老師對我的責備，我認為只是我和她的看法不同，她沒有必要這樣罵我，雖然我從此不喜歡美術，但無阻我求學的態度。

　　另一個片段是外婆常說讀書很重要。外婆在我10歲左右離世，印象中她很疼我，她總說我安靜地聽大人說話，圓溜溜的

眼珠轉動的樣子很可愛。有一次，在外婆家裡看到新聞報導南韓的大學生參與民主運動，外婆說他們是受過教育的大學生，也未入社會做事，做的事不是為自己，他們做的事應該是對的。這件事令我最深刻的有三點：1. 讀書是求知識；2. 要用知識做對的事；3. 做對的事是用知識做有益於弱勢的人，而不是利己。從那天開始，我就渴望能夠成為大學生。

雖然如此，中學的日子實在是很難過。每天有著不為人知的懊惱和焦慮，被師長和同輩要求要做個容易親近和寬容的人也很無奈，同時更被老師認為還不夠努力備戰公開考試。幸好在中五公開考試前，一位曾在我中一時每週教兩節英文故事課、在我中三時教歷史科的老師，願意花時間為我課後輔導，與我一起找學習英文的方法。我也忘了是我主動求救，還是她看不過眼。一天放學後，我倆坐在禮堂一角，她教我看著她的嘴型，和注意她的聲調，我才慢慢學會如何發音。她也指出我腦筋轉動得比嘴巴快，要我放慢一點，讓嘴巴把想到的話說出來。後來我在宗教及倫理堂看了一部關於海倫凱勒如何在家庭教師的教導下學習的電影《奇蹟之人（The Miracle Worker）》（1962）。其中一幕，家庭教師讓海倫凱勒感受流水，然後抓著她的手讓她用手語表達，應用不同感官，我記起了那天在禮堂學英文。原來在單對單的情況下，我要把視覺和聽覺的接收能力放到最大才找到分別。我開始學著感受自己的嘴是怎樣活動，著意用感官輔助學習。因為這位老師的幫助，我的英文程度趕及在第一次公開考試前進步，足以讓我升讀預科。

這位老師在我的紀念冊也有提到我的執著和木訥，但重讀她的文字，似乎她看到的我不是不想笑，而是有些東西讓我做不到。她亦看到我一直付出和學習，還予以肯定。比起被視為有能力的學生，或者被讚賞細心、敏銳和聰明，「付出」才是我更渴望被注意到的。當眾人都認為我著重成績而輸不起，不享受過程，似乎只有她看到我在學習過程中的氣餒，稍微明白連我自己也說不清的窘境和不服氣。

是我的哪個特質，讓她看到這個不一樣的我？也許她教我的科目都是與故事相關，我雙眼總會瞪大，似懂非懂地好奇著故事的發展。她的隨和為我提供安全的空間展現我的學習模式，讓抗拒繪畫的我能安心、放肆地以自小喜愛的立體書完成歷史科專題報告作業，一直以來用動畫記憶的面向得以發揮。這亦讓她看到我對課題的掌握，不拘年份錯誤的小節而給我滿分，亦叫我喜出望外。她願意和我一起找屬於我的英文學習法，而不只是要我加倍努力。她亦注意到我五年間的轉變，沒有用很多的形容詞把我定形。我亦相應地學著用我能夠做到的去表達我的謝意和感受。即使未能自然地笑，至少掀動嘴角，令兩邊嘴角不再是向下、板著臉，這一切亦都縮短了別人口中的「距離感」。

在面對升讀大學公開考試最艱難的時候，就是因為小時候看到不公義、外婆教晦重視知識，及曾經被這位老師接納和肯定，我才能熬過去。讓我繼續堅持的當然不只這幾位，只因篇幅所限，故事未能逐一細訴。

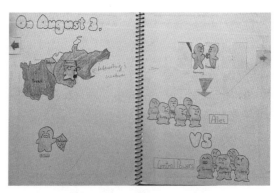
中三的歷史科專題報告以立體書呈現

## 第四部分：敘事

　　最近從英國輔導及心理治療協會的月刊讀到一篇文章，作者Marnau（2021）現年60多歲，是一位大學輔導員，她在50歲時被診斷患有自閉症。Marnau呼籲其他同受自閉症影響的同業站出來，讓業界有更多聲音，與那些把自閉症看成「缺失」，需要「支援」的同業分享：受自閉症影響的人不過是腦神經運作系統與他人不同，他們仍然有感受和表達的能力，更因為這份不同，能同時明白「正常」和「不正常（自閉）」的世界。Marnau的呼籲，與我寫這篇文章的初衷不謀而合。雖然我未曾被診斷，落筆時也掙扎過是否要把我自己找來的「評估」結果與讀者分享。學習經歷，以至當中出現的情緒如影隨形。直至我在工作多年後尋覓路向而修讀輔導，遇上敘事實踐，應用從小培養的學習方式，再反覆琢磨多年來的記憶，通過與敘事實踐老師和同伴的對話，才發現到以上提及最深刻和被藏在心底

塵封的片段有另一番意義。我就像在荒漠中找到綠洲，與敘事實踐一拍即合，也讓我看到成長經驗中與他人不同的意義，以下嘗試整理分享：

## 1. 權力與抵抗

當從小到大與主流格格不入，不甘服膺其下，反思主流建構和其之於我的關係，是我的抵抗方式。這呼應著傅柯提出「哪裡有權力，哪裡有抵抗」中，帶有反思和自我照顧意味，而非抗衡和推翻式的「抵抗」（Thompson, 2003）。由母親對我筆順的期望，到被期許成為一個學業成績達標、可表達自己、能言善辯、平易近人的學生，都是主流的正常和標準（White, 2002）。我試著迎合大家的要求，同時試著理解這些要求是如何形式。我從來沒有怪責誰，從新聞知道老師對公開考試成績的著急，學生的期望亦是源自香港教育制度，學校、教師和家長也面對難處和壓力。

沉默和害羞往往被視為不足，背後的故事鮮被聆聽，它們的好處也不曾被發掘（Holland, 2016）。我沉默的同時也在觀察，讓我有能力用不同角度看事件的細節，就如繪畫「運動場上」，我的視覺先想像一位運動員，再變換為電視觀眾，也沒放過跳高項目在場上同時發生的細節。現在我聆聽故事時，思緒也會在對話中不停遊走，與當事人一起搜尋失落在記憶中的點滴。我當時不曾用別人明白的方式表達自己，但不代表我沒有感受或者不明白別人的感受。漸漸，我的沉默變成對「不被

理解」的抵抗，在「害羞」的外表下，我觀察同樣處於弱勢的人，變得敏銳，亦產生明白和好奇，這令我成為一個可以傾訴的對象。在讀輔導之後，我才看到自己從小到大在這方面的獨特之處。

## 2. 敘事實踐的道德

小學目睹特教生被罵，聽到外婆對大學生的見解，讓我對權力和位置特別敏感，思考如何用自身的知識和社會賦予的權力地位，去做對的事。而所謂「對的事」，是為「更弱勢」和「被壓迫」的一群而做，不是由社會主流定義。因為後者會隨著時間、文化和權力而改變。我亦常自省，避免成為主流壓迫者之一；為了在不公義中善用知識，我要弄明白才可以記住的學習模方式，使得我雖然在學習敘事時閱讀很慢，但還是樂意細味不同文章、觀察和反思。「失敗」於我而言是讓我看到學習和改善的機會，亦令我樂意請教敘事伙伴們的經驗，希望在交流中迸發出新思維和角度。

當日用心和我一起找方法改善英語的老師，讓我體驗到不是教師由上而下的要求，而是同行發掘的過程。她對我的肯定，也讓我學會包容和尊重多元。對一個人的評價和質疑很容易，要觀察、發掘、欣賞一個人潛在的能力，願意花時間去同行卻要精力也要勇氣。她拒絕把我的問題視作個人的內部缺陷，讓我由社會文化的建構與主流敘事的捆綁中走出來（曹爽，2021）。她送給我在輔導關係中，對自身位置洞察力，不

時自省，以免對當事人形成另一種壓迫。

## 3. 外化對話和去中心化

聽過不少學習敘事實踐的朋友說外化對話不容易，認為很難把事情形象化。也聽學生說過，在輔導對話中，很難避免評價當事人。從「理想的家」可以看到，我對中文字的意義特別敏感。加上我從小要用形象化的方法學習：由幻想動畫學文字，到通過聽廣播劇想像畫面、看電視和電影再找來原文嘗試連結、主動在不同場境下加強記憶、啟動多感官學英文，我的腦袋負責不同分工的部分習慣互相扶持。我在聽故事的同時，腦海已有不同的影象，甚至依稀可見當事人描述的場景、與問題的關係，在這基礎下，要通過外化問題去核實或探索更多當事人所形容事件的感官和抽象部分，而不是搜尋字眼為當事人形容的事情下結論。如同Zimmerman（2017）所言，敘事實踐是右腦與右腦的對話。當事人的情緒受事件影響，腦海所呈現的畫面本來就比較抽象，只因要讓我們明白，才選擇以文字敘述，在遣詞用字上可能也會受到情緒影響。如果聽眾是慣常用左腦的人，聽到的是言語，容易流於口語的字面意思批判；但當我們以右腦回應，對當事人描述的故事非語言部分感興趣，提問的方向與形象、抽象的意思有關，例如事件中更多細節，當時的時間、聲音、溫度、距離、色彩，從而豐富故事的畫面和意義，有助發現更多可能性。這樣，敘事實踐對話讓我們與當事人建立非語言的內心交流，關係也不會受我們對當事人的評價影響得太多。

## 4. 發掘似無還有

　　小時候「錯字」、「默書不合格」對我來說是夢魘。對別人來說，我就是「無記性」和「懶惰」，當時香港社會沒有「特殊學習需要」這回事，也沒有人在意我的想法。我也怕長此下去的退步，會令我無法升學。當我發現有些中文字是相通，或者真的存在，讓我確定自己能掌握字義。「我不是完全錯的」這絲曙光令我能與「無記性」保持距離，有能力維護學習動力的一小塊領土。在英文默書實驗後，當母親碎碎唸我的懶惰，卻沒給我空間表達為了未來學習而冒險的動機。這些片段一直提醒我，在敘事實踐中，要拆解社會文化脈絡對認知的建構，對每個人的經歷保持好奇心，才可以創造空間讓故事更多的面向展現於人前（White, 2000, p.37）。

## 5. 發展和豐厚盼望故事

　　成長的經驗和華人社會的背誦學習模式，讓不少人的好奇心日漸磨蝕。對故事的好奇心成為我學習的最大動力，也因此讓我珍而重之。當我學習敘事實踐時，好奇心就派上用場。我盼望成為外婆所指有知識的人，誘發思維靈活和創意，開創了用畫的方法取代記不住的筆順和字母、應付英文的小撇步、借用環境增加記憶。當我知道隨著時間和文化發展，文字的寫法都會轉變，也讓我保持開放，不會輕易地以社會當下的標準評價，深明在不同時代和社會脈絡下，同一件事的敘述也會被賦予不同意思。這些能力不單為我開拓安全的空間，令追求學問

的興趣不至被消滅於萌芽，更讓我在應用敘事實踐時，與當事人一起在他們故事發展的時間線上游走，與當事人一起捉緊以往被遺忘卻又偏好的生活經驗，發掘故事多重意義，發展不一樣的可能性，重新經驗以至串連到今天，想像未來（秦安琪，2021）。

## 6. 欣賞不同景觀（Landscape）

我很喜歡麥克懷特用景觀（landscape）這個字，每次見到，都聯想起蘇軾的《題西林壁》：

「橫看成嶺側成峯，遠近高低各不同。
不識廬山真面目，只緣身在此山中。」

當我們受問題所困時，就如身處廬山，在不同的環境下，會看到自己不同的面貌。因為身處的位置和經歷有所不同，讓我們對曾經走過的山路有不同看法。隨著年月和環境的影響，山勢也可能變化。時間久了，置身其中難免會看不清前路，甚至會迷失慌張。當我們與當事人一起，以繪者的身分開始繪畫地圖，回望啓程時的期盼，釐清在登山路上的經歷讓我們有怎樣的行動去回應，而這些行動又彰顯怎樣的夢想和身份，就能描繪出不同景觀下的廬山。拿著地圖細看我們走過的路，更可由此開拓未被描繪的土壤，引領我們看到未來不一樣的風景（Epston, 2016）。當我整理自己痛苦和被誤解的學習經歷，我看到盼望學習知識加以應用的夢想，也看到自己在不知不覺間

修築、開闢路徑，走向我嚮往的領域，甚至登高望遠，發掘和期待登上更多山峰。

## 7. 發揮個人能力感（personal agency）

伴隨片段出現的情緒佔據著記憶，曾經讓我不堪回首。以美術老師喝罵那位特教生和我為例，憤怒和不甘提升了記憶中的溫度。但當我想得更深更廣，記起當年新界居民反對社區精神病康復者宿舍的新聞（劉王霞，1985），就看到社會的歧視和不公義，也看到自己亦曾因為無知，而害怕樓下暗黑校舍內的特教生。當我有能力看到人與人之間，人與社會或環境之間的相互關聯性（intersectionality）（Crenshaw, 1989），我就可以理解這位老師受文化和環境影響，也把她與我關係中的責難和憤怒拉得遠一點，騰出空間，有能力從中重拾被遺忘、我著重「公義」的種子。

當時年紀尚小，外婆的離世成為「不能告訴孩子的忌諱」。我一直埋怨家人不告訴我外婆因病離世，對她的離世無法釋懷，如身陷泥沼。但當由「是什麼令我珍惜外婆與我的關係？」開始追憶，那些片段就被發掘，讓我看到今天一直持守的價值觀原來是承傳自她。這些都是我在練習敘事實踐重組會員對話的新發現。因此，我在敘事實踐中，對應用重組會員對話的機會特別敏感。我深信著每個人持守的價值觀和夢想，總會與重要的人有關係，而我們亦有能力調整每個人在生命中的位置。

## 8. 藉重組會員對話連結生命

感謝在學習敘事實踐過程中，老師的啟迪和督導的相扶，與我一起通過重組會員對話，讓我察覺到自己的信念和價值之源，亦藉此審核會員資格。在重組會員對話中，經常被問到四組重組會員對話的問題，訪問員與我一起去發掘這些重要人物對我的信念價值的影響力，包括：重要他人對個人生命的影響、重要他人眼中的個人、個人對重要他人生命的影響力，和個人對建構重要他人身份的貢獻（梁瑞敬，2021）。每一次對話練習，減少那些難過的時刻對我生命造成的負面影響，亦讓我從生離死別的關係中釋懷。

回首曾經面對的不公平和委屈，如小學老師的言行、學習路上的辛酸，我雖勢弱言輕，決不虛作無聲，亦珍惜從中培養出對公義的堅持和面對困難時的柔韌性，渴望加以善用。這些特質都提醒我在實踐敘事時與來訪者同行，我亦因而看到自己在來訪者帶來問題裡的身形，有時我如同記憶中那位特教生般探索方向，又會如童年的我般屢敗屢試，更會如同小飛俠（Peter Pan）般與來訪者一起飛翔於不同事件之間，試圖找出故事中的不同面向。我深信只有孩童的細小身軀，才可以鑽往空隙窄縫探究，從而找到迷宮的出口。也怕自己成為一個失去童心的成年人，借練歷化成以專家自居的身分，忘卻對方才是自己生命的專家。

面對人生中無可避免的訣別，縱使生命無常的懊惱和自責

猶在，通過重整個人和生命中重要人物的關係，發現原來思念和珍重對方的思緒，正源於受其於其價值和信念影響，更甚是曾受恩於此。我對公義的堅持、待人的關懷、對教育的重視，源自外婆婆的微細舉動和言行；對因材施教，用心教學的信念來自老師的支援照顧。這些價值信念，也把我引領到現在實踐輔導的位置和教室的講台。當我在日常生活和工作中實踐信念，既是一種延續和傳播，亦讓我轉化思念為與重要人物之間的連結。

## 後記

收到邀請以這段經驗為本書貢獻一章時，我猶豫：「如果我有機會接受評估，這些學習困難是精神健康問題嗎？」首先，我不曾接受評估，且近年的定義和評估準則一直在變。我也不欲把自己的學習經歷作為「應對特殊學習困難」或者「學習敘事實踐」的標準。

但是，與之共存的過程中，也為我的精神健康帶來不少影響。不甘心，會讓我仍然奢盼被評定為需要調適，如果可以讓應試時久坐的我站著舒展一會，再集中精神，學業成績可能不止於此。但當看到今天主流社會聞「特殊學習需要」而色變，就感恩於從來未被診斷，更在昔日大家都不知就裡的情況下，遇上願意接納和幫助我的老師。說到底，當環境未能包容多元，學術評核只求一視同仁的量化，教師的行政工作有增無減，導至未能因材施教、實行小班教學，診斷得出的結果只是

徒添壓力。

我在工作十多年後，得悉「它」也許就是今天的「特殊學習需要」之一，亦不見得特別釋懷。因為與「它」相處這些年，比較起坊間關於「它」的描述，我更清楚「它」是如何影響我，「它」如何讓我與他人不同。行文至此，盧凱彤的《還不夠遠》在腦中響起，音樂錄像中，盧凱彤一直向前跑，搭配這段歌詞，也正好借來描述「它」給我的禮物：

> 我們看見的宇宙是個平面
> 哀傷的反面是快樂
> 還有另外一個存在的畫面
> 背著自己
> 冒險 是我要的情節
> 只管去冒險 看我越走越遠

如果今日「它」有一個被診斷的名字，唯一的功能就是讓我的文章更有力量，讓「它」的更多面向呈現，藉此連結有類似經歷的讀者，引起共鳴，共同發掘「它」在主流定義和偏見以外的可能性。

最後，感謝曾經與我展開敘事實踐對話的良師益友，協助我整理故事完成這篇文章。亦感謝讀完文章的你，與我一起回顧學習之旅。以上只是拋磚引玉，相信每位讀者都有獨一無二的故事，可以從中得力應對生命不同階段的挑戰，或是讓我們

在不同的位置發放光芒。

## 參考文獻

秦安琪（2021）。生命不再一樣──豐富故事發展。秦安琪、
　　曹爽、梁瑞敬、黃綺薇及葛思恆合著，**重新詮釋人生風**
　　**景：用敘事治療改寫命運，為生活找到解方**，頁39-169。
　　張老師文化出版社。

曹爽（2021）。故事外的故事：文化、權力與論述。秦安琪、
　　曹爽、梁瑞敬、黃綺薇及葛思恆合著，**重新詮釋人生風**
　　**景：用敘事治療改寫命運，為生活找到解方**，頁53-79。張
　　老師文化出版社。

梁瑞敬（2021）。第六章 生命的連結：重組會員對話。秦安
　　琪、曹爽、梁瑞敬、黃綺薇及葛思恆合著，**重新詮釋人生**
　　**風景：用敘事治療改寫命運，為生活找到解方**，頁170-
　　199。張老師文化出版社。

劉玉霞（1985）。 精神病康復者需中途宿舍 市民政府宜協調
　　重與新生。**新報人**（1985年4月15日），15（07）， 頁7。
　　永久網址：https://sys01.lib.hkbu.edu.hk/bujspa/ purl.
　　php?&did=bujspa0004495。

Crenshaw, K. W.（1989）. Demarginalizing the intersection of race
　　and sex: A Black Feminist critique of antidiscrimination
　　doctrine, feminist theory and antiracist politics. *University of*
　　*Chicago Legal Forum, special issue: Feminism in the Law:*

*Theory, Practice and Criticism,* pp. 139-168. IL University of Chicago Law School.

Epston, D.（2016）. Re-imagining narrative therapy: A history for the future. *Journal of Systemic Therapies*, 35（1）, 79-87.

Holland, T., Nowland, T., Swan, J., Lord, S., Johnson, J., Dudley, A. & St Clair, B.（2018）. Quiet or shy when we prefer to be, but always resisting silencing: A project of multi-storied descriptions and directions. *International Journal of Narrative Therapy and Community Work,*（3）, 36.

Marnau, M.（2021）. Coming out as an autistic therapist. *Therapy Today*, 32（1）, 26-29.

Thompson, K.（2003）. Forms of resistance: Foucault on tactical reversal and self-formation. *Continental Philosophy Review*, 36（2）, 113-138.

White, M.（2000）. Re-engaging with history: The absent but implicit. In M. White, *Reflections on narrative practice: Essays and interviews*, pp. 35-58. Dulwich Centre Publications.

White, M.（2002）. Addressing personal failure. *International Journal of Narrative Therapy and Community Work*, 2002（3）, 33.

Zimmerman, J.（2017）. Neuro-narrative therapy: Brain science, narrative therapy, poststructuralism, and preferred identities. *Journal of Systemic Therapies*, 36（2）, 12-26.

# 進入「不熟悉和可探索」的盼望森林

秦安琪

聽到來訪者充斥著問題的生命故事，或許我們同樣會被這些已知和熟悉（known and familiar）的問題困在細小的囚室內，無法動彈，也找不到出口。敘事實踐讓我們有空間撥開被問題籠罩的迷霧，找到不熟悉但現在有機會知道和探索的盼望故事。（麥克‧懷特，2008）

每一次面談都有一種熱切期待和帶一點緊張的感覺，因為即將與個人展開的旅程和行走的地圖都是嶄新及令人無法預知到的。

——（White, 2004a, p.45；秦安琪，2017，頁165）

Michael的說話經常都在我腦海中盤旋，希望能夠學到和領略更多，這一句提醒我要帶著好奇去聆聽和跟隨來訪者引領我進入她們的生命旅程。

第一次和耀龍、美賢見面的時候，就有說不完的問題片段，讓我體會精神健康問題多年來為他們的生命帶來負面影

響，這絕對不okay ，且有重大關係；另一方面，敘事對話的過程裡，他們予我聆聽及一起重遊她們走過的生命經歷，讓我有機會見證他們的生活智慧、在不okay中看到她們怎樣使生活變得okay，以及一直沒有放棄的價值信念、盼望夢想。對話正好展示怎樣由「已知和熟悉」的問題幽谷，找到可能並進入「不熟悉和可探索」的盼望森林。兩位來訪者的經驗也讓我們見證敘事創傷工作的可能。

## 標籤、被觀察醫治、去權絕不okay

耀龍因為在家以利刃恐嚇母親而被送到精神病院醫治，醫生診斷他患有精神分裂症和雙極性疾患（bipolar disorder）。如第一章所述，經醫護觀察和服藥，發現他沒有任何行為問題，醫生認為他可以出院，母親卻依然擔憂兒子回家會傷害她，故不允許兒子出院。無助的感覺讓她更需依靠專家的意見，經友人介紹，她要求耀龍與我見面，確定「耀龍沒有問題」她方會「批准」兒子回家。她也預備了一張兒子回家後必須遵守的行為清單，要求我務必與耀龍達成協議。

耀龍認為只要遵照吩咐前來接受諮商，便可以盡快離開醫院。他與我被放置在「病人與專家」的不平等關係內；另一方面，母親希望我確定耀龍是否穩定及和耀龍達成返家後遵照行為守則的協議，讓我看到一位被去權的母親和坐擁權力的專家。當人持續經驗創傷，敘說這些經驗可能得來負面的結果，例如經驗的生活故事被質疑、個體被視為問題，都可能說服來

訪者坦怨自己或認定自己是沒有價值的人，而被去聲（silenced）（Mann, 2006）。

耀龍多次接觸助人專業和精神醫療系統的經驗，讓我見證制度不但使人與世界隔離，也把人孤立起來。自毀和威嚇別人的行為是精神健康出現嚴重問題的指標，故此，被關進醫院及必須接受專業輔導都因為他是被觀察、分析、治療的對象。無論如何，我們怎樣在對話過程中不作主導？不被專家的身分誘惑？我們怎樣在敘事對話顯現主角的專家和主導位置？通常我會邀請她們選擇要訴說的故事，以確定他站在主角的主導位置。

秦：你想聊什麼，由你決定想聊的內容，因為你是主角。

耀龍：你給我先開始，我便會找到自己的脈膊（pulse rate）。其實是許多的角度。

秦：許多角度？那我想其中一定有許多故事。

耀龍：我媽媽時常恐嚇我「人家秦博士的時間是很珍貴的。可能見你一兩次便對你沒有興趣，便不會再見你了。」

秦：是嗎？啊！

耀龍：這話很嚇人。

秦：這話怎麼嚇到你？

耀龍：因為這是last hope（最後希望）。

秦：Last hope（最後希望）。

耀龍：因為之前的輔導都行不通。

秦：你想不想談談之前的輔導，還是想談什麼？

雖然耀龍希望由我帶領：「你給我先開始，我便會找到自己的脈膊。」但我尊重他才是對話的主角、自己生命的專家，便繼續邀請他主導對話，他選擇談談之前的輔導，還是什麼。接下來，耀龍選擇描述精神健康的故事，又或許從入院到何時可以出院，都不是他自己可以選擇的，他也認定了自己有精神健康問題。

約莫10年前，耀龍就讀高中時出現了第一次自殺行為，那時與母親因為零用錢和性取向發生衝突。他先後被送到醫院和精神科診所治療，醫護和父母都認為他有精神健康問題。父母把他送到外國唸書，返港後因性取向與母親爭吵，並出現第二次自殺行為。耀龍繼續訴說在家遇到他命名為「痛心疾首」的經驗。

## 「痛心疾首」

耀龍：我的家人是很保守的。一直以來我都很乖巧，在校成績一向很好，操行永遠沒有問題，從來都沒有被記過；但我們兩姐弟時常被家人打罵、呼喝。

　秦：聽你這麼說，在學校裡，你成績很好，操行很好，很乖巧；在家中，你和姐姐……（我嘗試先編輯他剛說的，然後請他選擇聊那一個話題。話還未說完，他便接下去。）

耀龍：在家中我們都不算頑劣，但常因很小的事情被打得半死，罵得半死。

秦：你所說的是誰？

耀龍：他們兩人都有，我的媽媽多一點，我的爸爸少一點。

秦：這個記憶是何時的事？

耀龍：從小到大都是這樣。

秦：從小到大，你的印象裡面就是這樣。那譬如是因為哪些小事？

耀龍回憶多個自幾歲開始經驗他「不能接受」的打罵管教方法，例如不想做功課、趕不及溫習、溫習不夠、測驗的分數低、想吃東西、貪吃、晚睡等。

秦：我不知道是否快了一點，如果請你為小時候的經歷，譬如家庭裡由小到大，不想做功課、不溫習、想吃東西、晚睡，都可能有打罵的事件發生；長大後依然如此。你抱著媽媽雙腳，希望她不要再打了，但一樣被打。到今天，他們認為這是你的錯，無可救藥。對於這些經歷，聽了這些說話，如果請你給它一個形容詞，你會用什麼的形容詞？

耀龍：痛心疾首。

秦：想不想多講一點關於這個「痛心疾首」？它有多強烈？

耀龍：每次想起以前的東西便感到暈眩。

秦：嗯。

耀龍：極度憂鬱、受侵害、憤怒。

他續說「痛心疾首」對他的影響，整個人無法運作，整個

人paranoid（多疑），整個人很sensitive（敏感）、critical（挑剔別人）。並且接收不到自己的需求，早晚會發瘋。這些似乎是創傷經驗對耀龍的影響。Michael White（2004）表示創傷及它的影響塑造了有問題的生活與身分，使生命沉默失聲，讓人所重視的不被看見、讓人失去方向。然而，每個人都不是被動地接收困境和困境帶來的影響，而是會作出反應或反抗壓制的力量（acts of resistance）（Yuen, 2007）。

## 反抗壓制的策略

　　秦：剛才你談到人可以有errors（失誤）、mistakes（過錯）、有emotion（情緒）、有spiritual sides（靈性的一面）；可以貪吃、有時會不能抵受引誘，這些都不是因為帶著原罪。

耀龍：Unique（獨特的）。

　　秦：Unique是什麼？

耀龍：特有的歷史、個性、道德標準、智力發展等。

　　秦：這些東西，你是從哪裡學到的？聽你說你的家庭好像不是這樣。這些東西你從哪裡學到的？

耀龍：許多是我自己看到的，不知怎的我從小到大都覺得自己是一個現世的人，所以我自己看書，全都是現世的。

　　秦：你看什麼書？

耀龍：看New York Times（紐約時報）、看心理書。

　　秦：啊！

耀龍：《壹週刊》那些我都看，但我會挑選，看高深一點的，

能夠刺激思想那些，而不是誰穿低胸衣服，那些我是不會看的。

秦：你從哪個時候開始看這些如New York Times（紐約時報）、《壹週刊》的？

耀龍：我中學的時候看《時代週刊》和《紐約時報》，現在他們已是線上刊物，是免費的。

秦：中學的時候開始看。是什麼吸引你開始看《紐約時報》？

耀龍：Need it for knowledge（需要知識）。

秦：Need it for knowledge。

耀龍：And inside for intelligence（個人智力）。

秦：Inside for intelligence。

耀龍：Know more about myself（認識自己更多）。

秦：為何你想認識自己更多？

耀龍：我時常和我媽說「不要把我弄到如光緒皇帝一般」。

秦：這是什麼意思？

耀龍：我時常說她在家中製造一個一個的光緒皇帝，製造一個一個的扯線公仔，由她完全控制，我覺得那是很慘的。這也令我渴求掌管自己的生命。

秦：那麼是什麼令到你有這個渴求，去認識自己多一點、去吸取多些知識，並且想掌管生命。

耀龍：應該是一種resistance（抵抗）。

秦：Resistance to what（抵抗什麼）？

耀龍：Ridiculous pressure（荒謬的壓力）。

秦：「荒謬的壓力」會令你怎樣，出現什麼？

耀龍：情緒產生波動，覺得很冤屈、委屈。

　秦：嗯。

耀龍：且對外人的信任比家人多。

　秦：還有沒有？

耀龍：信任，信外人，而不信家人。覺得自己和主流的價值還有些距離，希望能融入。

　秦：想融入到主流？

耀龍：嗯。覺得家庭好比一個修道院，微型警察局。

　秦：哦！

耀龍：時常在懺悔，時常在敲門，說：「出來呀！不然便拿鑰匙開門。」這樣要我如何忍受？最近這幾年，我跟舅舅說：「我的媽媽像柬埔寨那個暴君，很變態的，殺了許多人，她是變態的。」

　　　隨著耀龍描述抵抗荒謬的壓力的策略，包括閱讀書刊，是需要知識、為了個人智力、了解自己更多、掌管生命和融入主流，讓我好奇的是「這些東西你從哪裡學到的？」透過這個似無還有問句，我們有機會探索、呈現和豐厚他的價值信念、支持他的主權。接著我們再次聽到創傷的片段，可見多重創傷（multiple trauma）的威力。

## 「Traumatic 到爆燈」（創傷到極點）

耀龍：某次小學一年級或是二年級測驗，我媽媽買了一些魚皮花生回來，我看見便想吃。她說唸完一課書才可以吃一

粒。我貪吃，當然是多吃一粒。她便罵我太貪婪，吃完都不溫習，用藤條狂打我三十多下。接著又用手用力緊握我的頸，以致我透不過氣。我說要報警，她說如果我報警，便送我到孤兒院，以後都不理我，她打開窗戶，說喜歡的話便跳下去。我唯有順從她，翌日若無其事的吃飯上學。

秦：嗯嗯。

耀龍：那次哭了很久。

秦：哭了多久？

耀龍：數小時。我和姐姐交替著，幾日一次。有時是姐姐闖禍，有時是我闖禍。

秦：嗯嗯。

耀龍：若用一個字形容──traumatic（創傷性）到爆燈。

秦：那個事件，除了你、你媽媽之外，還有沒有誰在場？

耀龍：那幾年，我的爸爸坐移民監，不常在家。但我爸爸也是差勁的，他不回家還好，一回來便幫忙打孩子，很負面。之後，似乎許多事情都與他無關，他只說「由媽媽辦妥」，不要問他，隨後便關上門，我對他早就完全死心失望。

　　憶述了一個又一個由兒時到二十多歲使他「痛心疾首」和進入精神醫療系統的片段後，耀龍命名是「創傷到極點」。縱使如此，他仍抱有希望──父母像一般的父母。

耀龍：但現在過了幾十年，他們或許都改不了。

秦：嗯，你想他們有改變？

耀龍：現在？

秦：或者你曾經想？

耀龍：曾經想。

秦：曾經想。你希望是改成怎麼樣？

耀龍：像其他父母，一般的父母。

秦：是怎樣的？

耀龍：Fair（公正）、consistent（一致）、言教身教一致、transparent（透明）。

秦：Fair（公正）、 consistent（一致）、言教身教一致、transparent（透明）。

耀龍：Cured（治癒）。


耀龍的母親也有一段不愉快的童年，他希望母親得到療癒。我好奇如果耀龍生長的家庭與一般家庭無異，或母親得到療癒，那管教會是怎樣的？耀龍說停止自我壓迫、較人性、少點嘮叨，並且不會打打罵罵，此外是與過去言和。不然，燥鬱症會隨著大石壓死蟹、有冤無路訴、沒人同情、緊張將來、溝通破裂，做不到（媽媽要求的）、不公平、無理的東西出現而肆虐。


雖然如此，耀龍提到與同事和朋友一起時並不會這樣，我們便開展新的支線故事——連繫他的價值信念、盼望夢想的故事。他對人有了解、忍耐、幽默、寬容、輕鬆、禮貌；跟他們會分享幽默和思想，我便問「能夠分享這些為什麼重要？」耀

龍說會讓他感到不孤單、有支持、了解，他享受與同事為伴。這些時候，燥鬱不會存在。我們看到在不同場景，不同地方、與不同的人一起，問題的影響很不一樣。讓主角看到問題的背景，能讓主角看清創傷故事是怎樣出現的。

耀龍曾跟母親說「人是需要朋友的」，他也好奇為什麼母親如此「殘酷」，他曾追問舅舅母親的童年經驗都不得要領，他說「有一些東西像是缺少了」，我便跟隨這個探索他想尋覓的是什麼，試圖連繫他的盼望夢想。

耀龍：……我見他們（母親的兄弟姊妹）如普通人一般，沒什麼問題。有一些東西像是缺少了。我在找尋puzzle遊戲那缺少了的一片。

秦：除了剛才說的，尋回那缺少了的一片，還有些什麼你想尋回？

耀龍：尋回我的童年，我想重拾童年時沒有享受過的東西。

秦：例如呢？

耀龍：玩遊戲機、玩機械人、出外見朋友，和他們一起玩、和同學一起逛街。

秦：你說要「重拾」。

耀龍：我時常覺得我跟同齡朋友沒有相同的經驗，覺得有些隔閡。

秦：這隔閡你是何時經歷的？

耀龍：小時候已經經驗了。人家說玩遊戲機、說機械人，我完全搭不上話。別人可以逛街，我卻要回家，我覺得很受

傷。香港又不是很危險，為何我不能外出呢？家裡又不
是沒有錢。

　秦：這導致你怎樣？

耀龍：自卑。

　秦：這自卑影響你什麼？

耀龍：自尊。

　秦：還有沒有？

耀龍：影響到對人的關係。應該有改善的地方。


　　耀龍憶述了一個又一個童年的創傷經歷，我們同時見證他
對事件的反抗、他盼望的父母——公正、一致、言教身教一
致、透明；他亦是一位忍耐、幽默、寬容、輕鬆、禮貌的人，
此時創傷和它的影響——燥鬱、自卑、都不存在。我們還發現
他的意向是「重拾童年」從未經歷的經驗。這一次對話差不多
完結之時，我請耀龍分享對話對他有用或是沒有用。除了可能
讓他意識和聽到對話經驗的意義之外，同時也是邀請他評價對
話的方法。


耀龍：我自己有一些覺察，我相信專業人士，也相信他們是客
　　　觀的。

　秦：這是你期望的嗎？

耀龍：我不會那麼著急，我始終覺得相信專業人士就是起步，
　　　便不會著重目標。

　秦：你心目中的目標是什麼？

耀龍：我的 goal（目標）是 peace（平靜），inner peace（內心

平靜）。

　秦：還有沒有？

耀龍：希望我的父母可以認識到自己，我不想家庭如此。

　秦：嗯！

耀龍：希望父母可用一些正常角度去看我們，因我承受不了。
　　　我和我姐姐都承受不了。

　秦：還有沒有？

耀龍：基本上，我不知是否要求多了。我服用藥物十多年了，
　　　但都不見效，很累。有沒有第二個方法，不一定是第二
　　　個方法，但或許是多加一些別的方法。

　秦：是否除了服用藥物，有沒有別的東西？可能性？（耀
　　　龍：是）你剛才提到內心平靜，如果有內心平靜的時
　　　候，你會怎樣？

耀龍：不會緊張，不會有那麼多的顧慮；並且放鬆，對許多事
　　　情的得失都不會看得太重。

　秦：那時的你，你會怎樣形容？

耀龍：開心。

　秦：有沒有試過這些時候？

耀龍：很少。

　秦：很少，都試過？


　　「內心平靜」、開心，雖然很少，但也曾出現在耀龍的生
命裡。聽到這裡，我十分感動。我們的對話像被一股經年「痛
心疾首」和「創傷到極點」的霧霾所籠罩，我也像感受到那絲
絲的痛楚。在攀過高山、繞過幽谷、抵受風吹雨打後，耀龍讓

我看到他努力走向「獨立生活」的路徑。

接下來，美賢——另一位來訪者——會予我們禮遇聆聽她與驚恐的故事。

## 「驚恐」再不能得逞

在第一次的作者會議，每一位作者分享有興趣記載的故事，我們八人當中有五位都想書寫有關驚恐或焦慮這個問題，我懷疑這是否一個主流問題？讀者們會對類似的問題故事有興趣嗎？在醫院精神科工作的高瞻分享她的經驗，愈來愈多來訪者都遇到焦慮的問題，我就放下了擔憂。（再閱讀這文章的時候，我忍不住想是否受到高瞻身為精神科醫生的專家位置影響了，哈哈！）

我在美國修讀社會工作碩士時，曾在一家州立醫院門診部實習，其中一位「病人」是越戰老將，他總是跟我說著同一個故事。他每天都在鏡子前看到自己的陰莖正在萎縮，很是驚慌。他認定這是上天給他的懲罰，因為他在戰爭中殺害了許多人。那個時候，我不懂怎樣回應這個故事，向督導和轉介這位男士給我的精神科醫生請教，他們都叫我不要理會他的幻覺，把他帶回現實。我並不認為這樣會有幫助，在沒有其他方法的情況下，唯有聆聽他說著內疚和懲罰的故事。我並沒有做到什麼，唯一不一樣的是他繼續來跟我聊同樣的焦慮。如果當時已認識敘事的話，相信定有機會聽到焦慮故事以外的似無還有

（absent but implicit），並能豐厚他重視的價值信念。

美賢與我第一次面談時，說她期望從我們的對話學習怎樣與母親相處。自從父母離異後她便與母親相依為命，過去的二十多年，母親經常罵她愚蠢、對她打罵、也曾以繩子勒她的頸。初中開始她被驚恐影響，她回憶中學時下課要立即回家，中學畢業後在一家超級市場擔任收銀員，下班也得立即回家。

母親不喜歡她外出與朋友見面，規定她晚上10點前要回到家裡。每次與朋友見面，她都有「驚恐」、「恐慌」的感覺，生怕回家晚了；也無法預計母親的情緒會怎樣。這些經驗讓美賢產生「情緒波動」、「怨恨」母親，美賢形容這樣的狀態是「綑綁」。於是我問她一個例外情境問句：「沒了綑綁、焦慮和恐懼時的美賢會是怎樣的？」美賢說：「起碼有自由，會很開心」。

Bateson, Brilot 及Nettle（2011）認為驚恐反應是讓個體可以測量和應對可能出現的威脅或危機，有助個體想辦法解決困境，這也是神經科學描述的現象。Dowbiggin（2019）的文章指出恐慌是社會建構的產物。十九世紀前社交恐懼被認為是遇到需要提高警覺的環境，是正常的表現。令人不解的是，在第二次世界大戰後，經驗驚恐的人愈益增加，醫護人員開始注意「病人」描述的身體反應。有歷史學家認為驚恐或源於飢荒、疫症、嬰兒死亡率等。到了21世紀，被驚恐焦慮困擾的原因包括形容這個狀態的詞彙增加，如「創傷後壓力症候群」廣為大

眾所認識和使用；而人類亦遇到另一些威脅，例如恐怖襲擊、新冠病毒、全球的氣候、環境、政治等問題。

如果根據依附理論（attachment theory），美賢經歷的恐慌是與母親的關係出現了不安全的狀況，她面對困境的反應和調節壓力系統失效所致（Nolte, Guiney, Fonagy, Mayes & Luyten, 2011）。若我們以為美賢與耀龍一樣，都是在與母親之間出現了打罵的事件而產生驚恐，聽到美賢發現自由、開心是她希望的，繼而發展新故事，那便可能忽略了其他的故事線。

第一次見面約一個半月後，美賢在我們約定的時間前來分享，她說自從認識了神，她學到如何多關心母親。最近她覺察母親對她好多了，例如有天早上她準備陪同母親到門診複診，母親提醒她加衣，她感到「綑綁少了、釋放了、自由大了」，這讓她感到「舒服一點、沒有那麼擔心、沒了那種恐懼、負面思想少了」。請她形容這個狀態時，她說「健康了、人感到舒服了、心態沒有那麼耿耿於懷，沒有問題了」，同時臉上的笑容變得更大了，於是我邀請美賢可否多說這個笑容，她說覺察母親對她的關心、不會在外出時責罵她、母親也有跟她傾訴，這些便是她所說的「健康了」。

隨著不一樣的新故事出現，我試圖從新發現延伸到未來：「現在影響妳的負面思想少了，取而代之是舒服了、開心了、自由了、哪個驚恐少了，妳想像往後會怎樣？」美賢坦言沒有想過。諮商師就是要搭建鷹架，讓主角聯想不熟悉但可知可探

索的經驗。美賢續說她「一直的夢想是服侍別人，所以我不斷看書」。我正打算繼續發展美賢服侍別人和她提到的「不斷追求」及未來好好照顧母親的盼望故事，並探索這些價值的歷史，她道出另一個截然不同的恐慌故事。

## 「清空我的心」

因為我經歷過神在當中帶領，感受神當中與我同在，好親密。因為好多不開心的時間，我都會祈禱，現在少了（不開心）。而我經歷過一些事，神透過講道，從那段時間開始看到耶穌教我怎樣做，我覺得神實在是全能的，我便依靠祂。

聽到這一段話，我們有什麼選擇？發展神在當中帶領，神與我同在的經驗？開展重組會員對話，呈現神對美賢生命的貢獻？或是探索經歷過一些事？我選擇了探索剛提到的「經歷」。美賢詳述了兒時被性侵害，那個時候「很愚蠢，不懂反應、不懂表達，沒有告訴別人，沒有人知道」的經驗。

讓驚恐出現的並不是因為問題內化為美賢沒有作出主流認為的「不、跑、說策略」（No Go Tell Strategy），而是她曾懷疑事件影響她有同性戀傾向和喜歡看色情網頁，與主流期望的女性不一樣。簡短編輯了美賢的經驗，我嘗試探索經驗的意義及讓經驗發聲的機會。

秦：妳提到從前被鄰居非禮，不知道會否使妳有同性戀傾

向。牧師說自慰、看色情電影女性會有興奮反應是正常的，讓妳比較安心。從前喜歡一個女孩子會掛念她，這些現在不會影響妳的生活，似乎沒有問題。有機會訴說一次是怎樣的經驗？

美賢：今天再說一遍過去的經驗，我希望可以醫治、能完全清空我內心，知道怎樣處理曾經發生的事。

　秦：那今天再說一遍，有沒有機會清空？清空了多少？

美賢：好開心、舒服！

　秦：怎樣使到妳開心舒服？

美賢：好像從小到大全部一口氣倒出來，透過妳的教導讓我知道可以怎樣處理。

　秦：其實我不會教導妳，因為我都不懂。剛剛妳說希望能夠清空，今天憶述這些經歷讓妳清空了什麼？

美賢：沒有痛楚！像聊天而已。從前的輔導經驗很不舒服，像有東西壓著。現在則像聊天，我也不感到害羞。

　秦：為什麼會不一樣呢？

美賢：信任妳，沒感到不舒服，釋放了。

　秦：最能釋放的是什麼？

美賢：一樣是侵犯，另一樣是同性戀。同性戀沒有那麼強烈，不再覺得自己是一個同性戀者，也少看色情電影。

　秦：為什麼妳可以不看？

美賢：我愈多親近神，這方面的行為就愈少，多看宗教書籍，那些思想就減少了。

　秦：還有釋放了什麼？

美賢：還有非禮的事，已經過去了，算了吧。雖然不知道是不

是這件事令我有同性戀傾向，但依靠神我不斷向前，小時候的畫面有時會走出來，但我都盡量不去想，看看書，分散注意力。

從美賢兒時到我倆初次相遇間隔了三十多年，我想像美賢因為遇到性侵害事件不懂反應、不懂表達、沒有告訴別人，曾經感到內疚、接受了愚蠢的身分；也為了同性戀傾向、觀看色情影片被「罪疚感、犯罪感、後悔」纏繞多年，害怕自己不是上帝的好女兒。

她並沒有被問題完全控制，她不斷尋找、看書、聽道、學習靈性生活，這些反抗問題的行為叫我讚嘆，她的「內在知識」（insider knowledges）（Epston, 1999）和堅強也令我敬佩。她一直努力把驚恐擊退的經驗讓我堅信它想催毀來訪者的生命盼望是不會得逞的。

## 把垃圾丟進垃圾筒

到此，對話繼續探索不一樣的故事、豐厚美賢重視的價值信念及她喜歡的生活和身分，也讓我見證奇妙的一刻。

秦：當性侵犯、同性戀這兩樣東西釋放出來、清空它們，而且不再感到痛、沒有壓著的感覺，感到舒服，可以做到這些之後妳有什麼不同？
美賢：覺得自由了、放下了、內心沒有被壓著、人自由了、健

康了。

秦：剛才的一堆東西走了，若請妳給它們取一個名字，會是
什麼？

美賢：垃圾。

秦：（剛好桌子下放了一個垃圾桶，我便把它拿出來，指著
裡面的垃圾）妳會跟這些垃圾說什麼，讓它們不要影響
妳？

美賢：不要讓我思想那麼混亂、如此負面。

秦：如果它們再來，妳會怎樣？

美賢：不懂呀。

秦：垃圾跳出來又再影響妳，妳會跟它們說什麼？

美賢：奉主耶穌之命把它們趕走，趕走負面思想。

秦：它們聽到會怎樣？

美賢：如果它們是邪惡的會驚慌，便會走開。

秦：如果它們走了會怎樣？

美賢：如果走了會開心、會自由了、健康了。

秦：如果耶穌坐在我們中間，聽到妳說更親近祂了，妳看宗
教書、學到愛，愛妳的媽媽、照顧她。另外，妳將那些
垃圾趕走，妳猜想主耶穌聽到會怎樣？

美賢：開心吧，我覺得祂會開心，幻想祂像撫摸小孩子的頭一
樣撫摸我的頭，我就開心。

秦：如果祂當妳是小孩般撫摸妳的頭，是什麼意思？

美賢：乖巧、聽教。

秦：撫摸妳的頭代表乖巧、聽教。

美賢：以祂的名捨棄這些。

秦：還有嗎？祂會跟妳說什麼？

美賢：我希望祂說我是「忠心的僕人」。

秦：如果主耶穌聽到，祂會開心、撫摸妳的頭，代表妳乖巧、聽教，因祂的名捨棄這些，又說妳是「忠心的僕人」，對妳來說是什麼？

美賢：好開心，好感動。

秦：感動的部分是什麼？

美賢：神如此愛惜我，知我心底話，沒有離開我。

回憶美賢看著垃圾桶說的外化語言，不要令思想那麼混亂、如此負面，及強而有力的奉主耶穌之命把它們趕走，趕走負面思想，讓我印象尤深並深深感動。眼前這位被問題綑綁多年的來訪者取回她的主權、能力感，找到「與以往不一樣的我」（秦安琪，2021）。為了讓美賢找到更多生命會員，於是我問：「除了神，如果把我們今天的談話告訴一個人，妳會告訴誰？」美賢說她會告訴牧師，因為他知道她跟隨神、照顧人和母親，從神的角度去愛人。

美賢：牧師跟我說「妳做的比我更好呀」。

秦：怎樣好？

美賢：他沒有說。

秦：妳想像他指的「好」是那一方面呢？

美賢：關顧別人吧，因為我有太多時間，我可以關心很多人。

秦：妳愛神、有自由、又把垃圾丟了，釋放了、驚恐少了，又奉神的名叫它走，又關心人，妳怎樣形容這個生活？

美賢：豐盛、豐盛的生命。

　秦：「豐盛的生命」，怎樣「豐盛」呢？

美賢：會知道有人需要關心，神又會關心我。知道用愛關心
　　　人、幫助人，當中學習和成長。

　　我們的會面在美賢發現她是用愛關心人、幫助人及在當中
學習和成長中結束，她說不需要諮商了，把時間讓給其他有需
要的人，又再次感動我心。

## 創傷經驗與敘事創傷工作

　　曾聽到一些社工師或諮商師感到困惑，特別是當來訪者有
說不完的創傷故事，不知道怎樣才能開展似無還有和豐厚盼望
的故事，同時也害怕讓來訪者不斷重複這些創傷故事可會帶來
二度創傷；另一方面，很多時候我們也會被這些創傷故事困
住，找不到出口。

　　痛楚的出現可以是所經歷的事情違反了個人生命所珍惜重
視的價值信念或盼望夢想、個體拒絕與這些珍惜重視的疏遠或
分開、個體遇到創傷經驗的反應、邁向肯定（acknowledge）及
尊崇（honour）創傷經驗的行動（White, 2005）。要弄清精神
健康問題的歷史，我們得探索其背景（contextualizing the
problem）（Newman, 2010; Warrall & June, 2012）。以上對創
傷痛楚的了解，可會讓我們安心聆聽，並肯定來訪者帶來的創
傷故事？想像如果耀龍和美賢希望訴說失去聲音的故事，卻遭

到我們阻止，或很快便「引導」他們跟隨盼望故事的地圖，這
會否是二度創傷和去聲？

敘事的創傷工作原則正好能回應受到創傷經驗影響的來訪
者（Dulwich Centre Foundation, 2009; White, 2004b），也是與
美賢和耀龍對話旅程的指引：
・人不是問題，問題才是問題
・促進故事的訴說，使人愈加壯大
・重整位置：來訪者由被動的問題接收者轉變為具主權的主動
　行動者
・肯定（acknowledge）遇到創傷經驗的反應
・顯現對抗創傷或問題的策略
・呈現（visibilize）如何應對生活困境的在地知識、技巧與價
　值信念
・豐厚（thicken）並展現個人選取（preferred）的生活和身分
・為未來創造可能性
・連繫（link）各人知識、技巧與價值信念，締造社群力量
・締造環境空間讓遇到創傷經驗的個人／群體貢獻別人的生
　命，呈現及支撐盼望夢想
・展現不同文化所期盼的方法
・製作配合文化的各類檔案

美賢和耀龍的對話讓他們與知道和熟悉的精神健康問題分
開，創傷經歷得以發聲、被聆聽、被肯定，也讓反抗困境的策
略重現眼前，同時呈現她們在意的價值信念，如公正、透明，

關心、助人，及找到未來的方向。

耀龍和美賢——兩位精神病患標籤的被動接收者，第一次對話的內容都充斥著說不完的問題片段，這些與主流規範不一樣的非普通生活建構了負面身分結論（negative identity conclusion）。然而，她們帶來諮商室的故事同時包含他們並沒有被問題完全控制，並且拼命找到盼望森林的入口，我又怎能怠慢？

耀龍和美賢容許我把他／她的故事作為培訓和書寫的內容，現在閱讀這一篇文章的各位讀者是否為社群的一份子？您們見證兩位來訪者的經歷、追尋和發現，不知可有讓您產生共鳴，或連繫您所珍重的價值信念？

## 來訪者為我生命作出的貢獻

美賢和耀龍是否認同精神科醫生的診斷？她／他可曾懷疑精神健康問題的診斷？事實上，耀龍曾說我不知是否要求多了。服用藥物十多年了，但都不見效，很累。不知道有沒有第二個方法，不一定是第二個方法，而是除了藥物之外別的方法。回想我當下的反應「是否除了服用藥物，有沒有別的東西？可能性？能否不吃藥，轉換藥物？」並沒有覺察專業知識的權力、沒有尊重來訪者的現實。我可以邀請他多說藥物對他的影響、他怎樣看加在他身上的標籤，如果他不認同這個標籤，他認為怎樣才能準確描述他遇到的處境等等。

精神健康出現問題是從我們以為客觀的角度診斷而來，個人的經驗往往被形容為紊亂、難以解釋的狀態。來訪者描述的經驗正好告訴我們單從精神醫療角度出發的不足，忽視了各人和他們家人的處境。（Russo, 2019）

　　Druker（2014）的文章提醒我探索來訪者對診斷標籤的意見，並由他決定那一個標籤最適合她所經驗的。與醫療系統協作的過程，我們可有想過邀請她們回應Druker建議的一些提問：
・請問您有多肯定這個診斷正確？
・您（們）是怎樣達至這個標籤？
・遇有不肯定的時候，接下來是什麼步驟？
・如果「病患」不同意診斷或標籤，您會懷疑診斷或標籤嗎？

　　在對話裡，是來訪者一直引領我，以雙重聆聽，透過似無還有的問句讓另一半的故事呈現眼前，讓他們有探索的空間。例如聽到耀龍提到找尋缺少的一片，我的腦海浮現的不單是puzzle那缺少的一片，也好奇在生命裡他是否還有什麼要尋回的？再聽到他說要重拾童年，便為我們打開了一個探索他偏好和盼望的出口。美賢命名問題為垃圾，跟隨著她選用的隱喻，她有能力把問題剷除。

　　美賢和耀龍讓我學習到在對話中堅持不放棄。美賢回應「如果它們再來，妳會怎樣？」是不懂呀，我便嘗試另一個問句「垃圾跳出來又再影響妳，妳會跟它們說什麼？」這回她想

到了。兩位讓我明白從「知道熟悉」的問題故事到「不熟悉和可探索」的盼望故事總有一道間隙，我們可以陪伴來訪者找到和開啟通過間隙的一線門，讓他們穿過那問題幽谷，進入盼望森林是何等的榮幸！

## 參考文獻

秦安琪（2017）（第六版）。敘事治療——與你伙伴共行的旅程。尤卓慧、岑秀成、夏民光、秦安琪、葉劍青、黎玉蓮編著，**探索敘事治療實踐**，頁165-193。心理出版社。

秦安琪（2021）。原來有你——發掘似無還有。秦安琪、曹爽、梁瑞敬、黃綺薇、葛思恆合著。**重新詮釋人生風景 用敘事治療改寫命運，為生活找到解方**，頁110-138。張老師文化。

麥克‧懷特（2008）。黃孟嬌譯。**敘事治療的工作地圖**。張老師文化。

Bateson, M., Brilot, B. & Nettle, D.（2011）. Anxiety: An evolutionary approach. *Canadian Journal of Psychiatry*, 56（12）, 707-715.

Benjamin, D. & Zook-Stanley, L.（2012）. An invitation to people struggling with trauma and to practitioners working with them. *International Journal of Narrative Therapy and Community Work*,）No.3, 62-68.

Dowbiggins, I.R.（2009）. High anxieties: The social construction of anxiety disorders. *Canadian Journal of Psychiatry*, 54（7）,

429-436.

Druker, A.（2014）. What to do when a diagnosis doesn't fit? *International Journal of Narrative Therapy and Community Work*, No.4, 16-23,

Dulwich Centre Foundation（2009）. *Sustaining hope*. Author.

Epston, D.（1999）. Co-research: The making of an alternative knowledge. In Dulwich Centre Publications（eds）: *Narrative therapy and community work: A conference collection* （pp.137-157）. Dulwich Centre Publications.

Mann, S.（2006）. 'How can you do this work?' In D. Denborough （Ed.）, *Truama: Narrative responses to traumatic experience* （pp.1-24）. Dulwich Centre Publications.

Newman, D.（2010）. Using narrative practices with anxiety and depression: Elevating context, joining people, and collecting insider-knowledges. *International Journal of Narrative Therapy and Community Work*, No.2, 22-29.

Nolte, T., Guiney, J., Fonagy, P., Mayes, L.C. & Luyten, P. （2011）. Interpersonal stress regulation and the development of anxiety disorders: An attachment-based developmental framework. *Frontiers in Behavioural Neuroscience*, 5（article 55）, 1-21. Doi: 10.3389/fnbeh.2011.00055

Russo, J.A.（2019）. Shared modes of narrative, on the limits of expressing one's unique experience. *Philosophy, Psychiatry, & Psychology*, 26（2）, 169-171.

Warrall, A. & June（2012）. Inviting paranoia to the table.

*International Journal of Narrative Therapy and Community Work*, No.1, 11-18.

White, M.（2004a）. *Narrative practice and exotic lives: Resurrecting diversity in everyday life*. Dulwich Centre Publications.

White, M.（2004b）. Working with people who are suffering the consequences of multiple trauma: A narrative perspective. *International Journal of Narrative Therapy and Community Work*, No.1, 44-75.

White, M.（2005）. Michael White workshop notes. https:// dulwichcentre.com.au/ michael-white-workshop-notes.pdf

Yuen, A.（2007）. Discovering children's response to trauma: A response-based narrative practice. *International Journal of Narrative Therapy and Community Work*, No.4, 3-18.

# 「非一般」的家長旅程

黃穎琴

## 知識　權力

透過學習敘事實踐，讓我有機會同時成為導師教授敘事實踐課程，參與訓練的大多來自不同領域的專業助人工作者，如社工、輔導員、心理學家及老師等等。我喜歡在第一課開始前了解學員的期望，大多數學員都會表示希望可以「學習新的知識」、「增進自己的輔導技巧」、「加強自己的專業能力」。學員下班後仍會選擇進修，其學習動機及動力是讓人欣賞及佩服的。

回想自己過去也曾不停地半工半讀，考取了更高的學歷，對個人的生涯發展的確帶來了不同的機遇。White and Epston（1990）曾引述傅柯認為「權力與知識」是不可分割的。每個人都身在權力與知識之中，一方面承受權力對自身的影響，另一方面也在人際關係中施行權力。當我接觸到敘事實踐後，多了角度去反思「究竟知識與權力的關係是什麼？」

當大家努力地追求「專業的知識」，令知識走向專業化，催生了一班擁有知識的專業人士，整個知識的學習及傳授形成一種權力關係。例如主流心理輔導的學術理論多由專家所教導及掌握，學員學習後會得到證書或認證，從而在工作上有機會擁有較高的權力與地位。傅柯（1980）提出「受壓制的知識」（subjugated knowledge），當中提及來自社會低下階層的「在地知識」（local knowledge）一直存在於社會邊緣。「我也認為，正因為低階知識的發掘，那些不具資格，甚至直接被剝奪資格的知識——這涉及到我所謂的通行知識（popular knowledge）——的發掘，這種人類知識的重現，這種局部通行的知識重現，這種不具資格的知識的重現，批判才得以實現其效力。」（Foucault, 1980, p.82）

受著後現代思潮影響的敘事理念提出對權力、知識、地位、優勢等等的質疑，並重視對內在知識（insider knowledge）的認可，麥克·懷特及大衛·艾普斯頓（2018，頁71）曾提出「我們希望的結果就是產生不同的故事，以涵蓋以前所忽略的生活經驗裡的重大面向，並且容納不同的知識。」在敘事實踐中，會反思人如何受著社會論述及社會標準所影響，透過外化對話，開啟新的空間，發掘獨特結果（unique outcome）（White & Epston, 1990），當中包含當事人的獨特知識，讓這種知識得以流傳。

帶著這份思考及察覺，我與幾位敘事實踐者開始醞釀及構思關注受特殊教育需要（以下簡稱SEN）問題困擾的學童與其

家長，提出學習敘事實踐的理論亦不應被助人專業者獨攬，社會大眾也可以一起學習與實踐。我們構思邀請家長參與時，思考如何開啟空間，容納他們不同的在地知識，而非由專家教導的知識。一旦開始容納這些獨特的知識，我們就能目睹「受壓制的知識開始反叛」（麥克‧懷特及大衛‧艾普斯頓，2018）。

我們邀請曾參加敘事實踐小組，同時也受SEN影響的學童家長參與，以「同行家長」的身分學習成為迴響團隊。透過訓練實習者（train the trainer）的手法，讓同行家長一同接受敘事實踐的訓練，並於地區家長小組中作實踐，成為社員見證會（outsider-witness practice）（White, 2000）的成員。在招募過程中，我們發現家長對於邀請學習敘事實踐深具好奇及興趣。另一方面，他們都帶著「想幫助人」的心，希望以自身的經驗幫助身邊的同路人。細問之下，他們表示自己也曾陷入水深火熱的處境，深明有人支持的可貴。同時他們曾經歷以敘事形式推行的小組，同樣喜歡聆聽他人的生活故事，亦體會在小組中重新得力的經歷。所以大家都二話不說，立即接受邀請。

## 敘事實踐信念

我們相信家長在養育受SEN影響的孩子過程中，不會只是「問題天天都多」，敘事實踐就是推翻「充滿問題的故事」（problem saturated stories）對主體的擠壓及壟斷，令故事主角再搜尋個人未被發現的歷史（White, 2000），而當中有不少在

地的知識與技巧（local knowledges and skills）。他們擁有的內在知識（insider knowledges）與生活經驗（lived experiences）遠遠比輔導人員更貼近其他家長的生命故事。家長不只是服務使用者的角色，亦可成為SEN問題的顧問，更可成為社工在推動工作上的夥伴，可以擁有多元身分。

我們深信孩子受著SEN問題影響的同行家長，其背後帶著不少社會主流論述所支持及影響，當中亦不乏權力的建構。藉著小組分享及經歷，期望能與家長一同拆解這些主流論述的影響，並分享應對的智慧與方法。「輔導員」的角色是「去中心但具影響性」（de-centered but influential）（White, 1997），透過把問題外化和把有相似經歷的服務對象集結起來，並相信及肯定當事人有權力和能力解決問題。不同故事之間有著連繫、共鳴及相互影響，藉著於地區家長組中擔任社員見證會的成員，一方面可以繼續豐厚同行家長們的另類身分，另一方面亦對其他同路家長作出貢獻，實踐雙向學習。

以下將與大家進入小組的內容及發展、受SEN影響的家長在分享中的得到及改變，並反思在過程中的體會及得到。

### 有緣相聚　踏上旅途

我們招募了八位「同行家長」，他們來自於香港、九龍、新界不同地區。而他們的孩子也同樣受著不同種類的SEN問題影響，包括讀寫障礙、過度活躍及專注力不足過動症、自閉症

等等。

　　每位決定參與小組的同行家長，背後總有其獨特的目的、意圖（intention）與盼望（hopes and dreams），在第一節——「我的生命線」中，透過分享與盼望相關的另類故事，增加家長對小組的投入感並了解參與小組對其的獨特意義與價值。

　　家長在「眾裡尋『相』」活動中，在不同的相片裡挑選一至兩張作自我介紹，並分享相片所聯想的生命故事。這樣的分享，除了讓家長作互相認識外，亦帶出敘事實踐強調生命中包含著許多不同的故事，而人往往有其偏愛的故事與身分。

　　我們亦設計了「社群聚事時間線」（collective narrative timeline）（Denborough, 2008）的活動，讓組員回顧及分享在人生不同時段中曾被幫忙的故事。這些曾經伸出援手、主動幫忙的重要人物，成為了生命中的重要會員。透過重組會員對話（re-membering conversation）（White, 1997），將他人對家長們的貢獻與希望幫助其他家長的意圖作聯繫，將背後的重要價值信念延續，並展現了同行家長成為「助人者」的另類身分。透過活動及分享個人故事，陪伴同行家長探索不同的故事版本及回想曾經對他帶來的影響，讓他們回到「自己才是自己的生命主人」位置重新選擇，取回生命的主導權。

　　過程中，透過細說自己的故事及聆聽別人的故事，引發那些被遺忘但對他們有影響的故事及人物。有同行家長帶著眼淚

表示分享了一些已忘記了一段時間的回憶。當我們再問眼淚背後帶著什麼故事時，她表示想起一位好久沒見的朋友，是她生命中的重要人物，支持她渡過那些不容易的日子。這節小組完結後，這位同行家長主動聯絡了這位久未聯繫而又非常重要的朋友。

## 社群敘事實踐

敘事實踐在過去10多年，都有不同的團體積極發展社群工作，當中德威曲中心（Dulwich Centre）的喜瑞兒懷特（Cheryl White）及David Denborough努力地連繫及推動。「我們相信人不是被動的受害者，只要我們能集結力量，人們就能積極面對困境，找出解決困難的方法。」（Denborough, 2008）。這次計劃，希望藉著敘事社群工作的實踐，為面對孩子有SEN問題困擾的家長，提供一個可以分享自己故事的平台，發掘大家的智慧、能力、技巧、信念和盼望，互相支持和鼓勵。同行家長亦會在地區小組中推動社群實踐，故此我們在第二節的小組，與同行家長一起經驗「生命樹」及社員見證會的過程。

「生命樹」是敘事實踐中的一種手法，由David Denborough 及Ncazelo Ncube所設計，Denborough（2008）曾在*Collective narrative practice*一書中介紹如何運用「生命樹」於經歷創傷的孩子社群上。「生命樹」採用了樹木作為隱喻，以樹木的各部份代表著個人生命中的歷史、智慧、價值、盼望、信念、貢獻等。「生命樹」的理念是為有創傷及經歷困難

的個人或群體提供一個安全、愉快而有力量的平台，以藝術（繪畫生命樹）為媒介，去尋找對付困難的知識、技能、信念、能力和夢想的故事。過程中，讓同行家長認識生命樹背後的敘事理念、個人對自己生命故事有更多、更豐厚的描述，亦讓家長了解生命中所包含的不同故事與身分。

與同行家長一起經驗繪畫生命樹的過程後，我們開始邀請組員逐一分享屬於他們獨一無二的生命樹。在分享過程中，其他聆聽的組員成為了社員見證會的成員，並一起練習整個社員見證會的過程。（有關社員見證會的安排，可詳閱PART 2的〈腦朋友大聯盟〉一文）

我們邀請社員見證會的成員可按分享者的分享內容，參考以下的問題作迴響：

- 「觸動」——分享中有哪些片段、字句最觸動你或令你印象深刻？
- 「形象」——在聆聽分享時，過程中有什麼有關分享者的畫面浮現於你的腦海中？這讓你看到他是一個怎樣的人？
- 「共鳴」——分享的故事與你的生活經驗／經歷有哪些地方讓你感到共鳴？
- 「推動」——聽完分享的故事後，你對自己的生命／生活／工作，是否帶來一些不一樣的想法、體會或計劃？

在這個歷程中，每位同行家長都很認真地分享、耐心地聆

聽彼此的故事、困苦的經驗,引發見證成員的共鳴,讓當事人對自己的生命也有了覺察與反思,讓困苦經驗,賦予不同層次的意義。有一位同行家長分享:

敘事好像讓我進入了一個時光機,
帶我回到過去再經歷「我的故事」的同時,
透過聆聽和感受,和其他參與的同伴一同分享。
當中的喜怒哀樂,情緒高低起伏,當時的沉重,再一次審視⋯⋯
大家對故事的不同理解令我有了新的學習,突破過往的規範,
帶給我勇氣去用另一個新的角度重新審視過往的故事。
　　　　　　　　──擇自《有了您,撐著了我》(2016,頁50)

　　經歷完「生命樹」的分享及彼此的迴響,同行家長彼此間建立了一份親切的感情、共鳴,對小組亦建立了歸屬感,更加不忘自己的使命──於地區聆聽其他家長的故事、分享面對「SEN」的在地智慧。故此,在他們「出發」到地區實踐之前,我們運用由黃錦敦及黃士鈞於2011年推出的「渴望卡」,在第三節小組中,讓家長們分享有關「生命盼望」的故事,當中亦加入社員見證會的實踐,讓家長就社員見證會的形式及過程再作練習。我們亦為同行家長介紹敘事檔案(therapeutic document)(White & Epston, 1990)及定義式儀式(definitional ceremony)(White, 1997)的目的、形式及信念。透過練習,讓家長體驗當中的過程。

## 敘事檔案

　　傳統檔案多以專業、專家為本，當事人雖是紀錄檔案的主體，卻是最後或是未能接觸這些檔案。在敘事實踐中的敘事檔案，除了可延續面談室以外的對話，更可記錄當事人新的故事與身分，分享個人的在地知識與技巧，豐厚、發掘一些新的發現及故事，更可擴散於周遭的人與社群。White（1995）描述艾普斯頓曾向其服務對象收集意見，了解治療檔案的成本效益，結果發現「好」的治療檔案相等於4.5次輔導面談。

　　小組過程中，我們向同行家長介紹敘事檔案可有不同的形式及種類，如信件、心意卡、歌曲等，讓他們了解背後的信念。帶著敘事實踐「去中心化」的信念，我們邀請同行家長為小組內容作準備，挑選一首對自己別具意義的歌曲，並於小組內彼此分享當中的歌詞與故事，一起唱出這些歌曲。這些歌曲包括有〈憑著愛〉、〈第一志願〉、〈為你加油〉、〈Someone who believes in you〉、〈生命有價〉、〈沒有什麼不同〉、〈不再猶豫〉、〈獅子山下〉及〈漣漪〉。大家一起唱歌，分享彼此的得到，見證彼此新的故事及身分。

## 定義式儀式

　　定義式儀式可為豐富的故事提供發展脈絡，不依賴專業評估和詮釋，是集體貢獻（collective contribution）的過程。它提供一個公開認許的地方，豐厚人的生活、另類故事與身分，容

納多元聲音與多元身分，它能成為集體的自我定義。Myerhoff（1986）表示這過程處理的是忽視與邊緣化的問題；這種策略提供機會讓人們被看見，依自己的意思累積個人價值、重要性與存在的見證。

當同行家長漸漸脫離問題故事，走向新的、比較喜歡的生活版本，儀式和慶祝便成為有重要意義的步驟，為他們留下頌讚的標記。我們邀請同行家長互相於對方的委任證書上留言、寫下對彼此的欣賞及祝福，以肯定彼此的付出及確立新的身分，工作員亦感謝同行家長對小組及整個計劃的貢獻。這證書不是由工作員以專家身分發出，而是與同行家長一同建構、創造生命影響生命的共鳴而成，是獨一無二的證書。

## 出發　實踐　迴響

同行家長安排到四個不同的地區參與敘事家長小組，把學習的知識及信念實踐。地區敘事家長小組的成員都是受SEN影響的學童的家長，彼此互不相識，由地區的工作員協助招募。同行家長在小組中擔任了社員見證會的成員，一起聆聽及分享家長在養育受SEN問題困擾子女時遇到的不同故事，分享彼此的在地智慧。

同行家長完成了六節的地區敘事家長小組後，我們再次聚集他們。於第四節的同行家長小組中，一起檢視參與地區家長小組的經驗與歷程。我們先與家長一同分享彼此的經驗，工作

員利用以下的問題與家長們一起分享及討論。

1. 在同行的歷程中，有哪些片段、字句、經驗令你最觸動或印象深刻？
2. 經歷這段同行的歷程後，小組的家長們給你一個什麼的形象？你會如何形容這些家長們？
3. 這段同行的歷程，哪些地方最讓你感到共鳴？
4. 經歷這段同行的歷程後，讓你對自己的生命或生活，會否帶來一些不一樣的想法、體會或計劃？

　　同行家長們發現大家都有很多不同又不容易的經歷，而彼此都有其智慧及能耐撐過來。認為這次經驗不是去教別人如何做，而是從共鳴分享中彼此學習，那份推動力來得貼心又貼地。當中有一位同行家長有以下的分享：

　　結識了一班有著不同經歷不同體驗的家長，在她們的身上可以體驗到每個人有著各種堅持、耐性、毅力、細心、愛心，好像天使一個個在你面前，衝破每一個時段。現在再回頭看看自己，有時候是需要停下來、深深吸一口氣，想想她們的分享經驗，就會想到應該怎樣再面對（自己的困難）。

　　　　　　　　——擇自《有了您，揸著了我》（2016，頁 49）

　　Flora 以同行家長的身份參加了地區的小組，她從一對夫婦的故事中，看見了「堅持」、「帶領」、「一凹一凸」、「包容」與「愛護」。這些發現給予她一份堅持的力量與信

念。

　　Carol，另一位同行家長，參與了馬鞍山及粉嶺區的家長小組，聽著一對夫婦的生命故事，雖然故事中遇著不少困難，但她卻被夫婦間那份「強大的愛」所觸動。

　　在地區小組中，有一對夫婦家長「好厲害」，即使小朋友的情況好麻煩、好激烈，但他們都有好的方法處理，就是要有非常之好的關係，尤其是夫婦關係。我在想，就是他們夫婦感情好，即使孩子成長有很多難關、而夫婦間也有很多不同的看法，但他們會「憑著一份愛」將大家連繫一起，解決照顧小朋友的困難，跨越一個一個難關。而那位媽媽悟出了道理，就是「解決一個是一個」、「孩子有些地方好執著，但他在其人生路上的進步都好大」。因此，我覺得他們「好厲害」，憑著強大的愛，將來面對任何困難的地方，他們都可以克服。」

　　　　　　　　　　——擇自《有了您，撻著了我》（2016，頁38）

## 拆解主流論述

　　同行家長參與了地區小組後，對彼此的生命故事有很多迴響與共鳴。除了分享作為同行家長的經歷外，在第五節的同行家長小組，工作員邀請家長們一起拆解在生活中出現的主流論述。我們活在不自覺「被建構」的社會中，生命習慣了活在規範中，受著不同的標準所影響，例如：外界對SEN孩子或家長的描述、在教養上對父母角色的定型等等。在敘事實踐過程

中，我們與同行家長一起察覺及解構主流論述對人的影響，並開始說出自己的盼望時，「再建構」隨之發酵。

過程中，我們準備了以下題目與同行家長一起思考及討論：

「解構SEN真面目」
1. 一般人對受SEN影響的孩子或其家長有什麼看法？
2. 你從哪裡聽到這些看法？這些看法從哪裡來？
3. 這些看法對你有沒有什麼影響？
4. 社會上有哪些人是支持這些看法？
5. 你贊同這些看法嗎？
6. 你曾否嘗試質疑這些看法？如有，那麼你又持有哪些另類想法呢？
7. 這些另類想法從何而來？
8. 持有這些另類想法對你有沒有什麼影響？

以下與大家分享兩個解構及再建構的發現及改變。

**「男主外、女主內」？**
在傳統家庭角色中有一個論述——「男主外、女主內」，爸爸會把心思放在外出賺錢養家，媽媽會留在家中照顧孩子。有一位家長表示：「學校通常有事要通知家長，第一時間會致電給媽媽」，一切教導孩子的責任很自然地落在媽媽的肩膊上，媽媽會為著孩子的發展及表現來「審視自己的表現」。孩

子表現不好被學校投訴，媽媽便會責怪自己做得不夠好、未能做個「稱職」的媽媽。「稱職」這標準究竟是如何訂定的呢？

「好媽媽」、「好爸爸」的標準，好像為父母在家庭中的角色有明確分工。隨著社會經濟及環境的變化，父母二人也要工作才能應付不斷上升的家庭開支。一位媽媽在同行家長小組中曾有這樣的分享：「自己要工作之餘，放工回家仍要負責照顧及教導子女的工作，有時還要面對另一半不明白的指責，真的很累！」父母角色以外，還有個人的生活與發展，究竟在家庭中的角色、子女的照顧該如何「看待」及「分擔」？他們的分享引發彼此熱烈的討論及反思，有同行家長表示回家後要好好與另一半傾談。

過去的小組，多數只有「媽媽」的參與，甚少見到「爸爸」的蹤影。在同行家長小組中有一位「爸爸」組員，深受「媽媽」組員的歡迎。這位爸爸在參與小組後也有深刻的體會：「有個爸爸的身分出現在組織內，聲音會有少少不同，有不同的角度與看法，多把聲音表達出來與其他家長分享，彼此都有獲得。」大家在小組分享中意識到照顧及教養孩子絕不只是媽媽的責任，爸爸的聲音及支持也很重要！一位媽媽有這樣的分享：「以前當丈夫不明白的時候，我會藏起與孩子看醫生的單據，怕他憂心家中的經濟負擔並遷怒於孩子身上。其實這樣持續下去，前面的路會很難行。這幾年他開竅了，開始明白並會安慰我、與我外出輕鬆一下。身邊有人支持，人會開心、舒服一點。」大家很認同參與小組不是「媽媽」／「師奶」的

專利，「爸爸」也有其參與的重要性及收穫啊！

## 「非一般」的幸福

在現今香港的教育制度下，「一般」家長會安排孩子「去補習」、「追成績」、「參加不同的興趣班」，希望孩子「進入大學之門、出人頭地」。有家長曾在地區小組中表示自己以前好執著，孩子成績能達合格水平，但自己都是放不下，希望他有更高的分數。當得知孩子有特殊學習需要後，他開始去學習及了解孩子的真正需要，夫婦會就著孩子的情況傾談多了，又會重新思考怎樣教導他。家長在小組中分享時認為他們與一般家長非常不同，不會與人比較學業成績。他們重視與孩子彼此的互動關係，陪著孩子成長，關係會很親密。照顧孩子的時候真的問題天天都多，但都有很多甜蜜的時候，就是有一種「非一般」的幸福。

面對有些人對他們教導孩子的指責，SEN家長都會受著「委屈」的影響。有同行家長表示經常被老師及學校社工要我放手，其實我都想放手，但有時孩子真的有需要幫手，不是不想放，而是未放得手。我唯有在背後幫他，但又不可以大力地幫他，我都真的很累。但仍然被人指責，有時都會有無奈、挫折感覺。在敘事實踐的小組中，大家會分享被「無奈」、「挫折」影響的經歷，更會分享應對的智慧。彼此的故事及在地智慧被聆聽，推動了這班同行家長找回一些力量與方法去應付社會主流的論述：

自己的脾氣很厲害，但又解決不了問題，更令兒子的脾氣越暴躁，我都不想這樣，現在會叫大家冷靜一點。

——擇自《有了您，撻著了我》（2016，頁45）

現在會愛自己多點，會去跳舞。跳舞都好辛苦的，要拉筋、更要給老師再拉筋，很痛的啊。但自己喜歡，至少可以做運動，可以給自己加力，回家繼續面對不同的難題。再不為自己著想，會無力量繼續走以後的路。

——擇自《有了您，撻著了我》（2016，頁45）

過去與受情緒困擾影響的年青人接觸，很多時都會聽到他們感到自己「未達標準」，非常顧慮別人（特別是家人）的評價。在這個小組內發現，不只年青人，其實家長也被這些「標準」、「社會論述」影響甚至「定型」，亦受到很多困擾。究竟我們的身分是由誰來定義？這些東西並不會經常掛在口邊，甚至已成為習慣。正如早前提及「受壓制的知識開始反叛」（麥克‧懷特，大衛‧艾普斯頓，2018），同行家長在分享中察覺及思考主流社會的文化價值是如何影響人的日常生活經驗，發掘似無還有（absent but implicit）（秦安琪，2021）的「重要」東西，繼而從新思考在育兒路上重視及帶著的價值信念。這些東西都不是由專家、社工所教導的，而是由家長彼此學習中結集而成。

## 生活　敘事　點點滴滴

　　小組完結後，工作員及同行家長都希望能把這次經驗整理及分享，希望這些「智慧」可以廣泛地與人分享。記得當時大家討論得眉飛色舞，建議把彼此的故事拍攝成微電影、結集彼此的經驗及智慧成文字出書、舉行大型分享會等。同行家長均表示渴望能參與籌備及推展工作，結果我們的夥伴關係繼續維持了大半年，所有「願望」都可以一一達成。

### 拍攝微電影

　　拍攝13分鐘的微電影可不簡單，由寫劇本、導演訪談、選角，到拍攝、剪片，同行家長都一起參與籌備討論及拍攝。正如他們分享，所有故事都是真實的生活面貌，他們的演出更是自然流露、真誠地演繹，拍攝時也沒有怯場。

### 《有了您，撻著了我》

　　還記得我們與同行家長商量時，他們熱切地表示「要把我們的故事寫出來，讓更多人了解受SEN影響的學童的家長心聲！」帶著這重要的意義，這本以火柴設計為封面的書本更具生命力！這本書由同行家長名命，記敘了香港浸會大學老師、機構社工及受SEN影響的學童家長，結集了三方的信念、智慧與能力。

### 「生活。敘事。點點滴滴」SEN家長人生故事分享會

　　這分享會成為了定義式儀式，在籌備過程中，每位同行家

長都非常投入，他們更邀請地區小組的家長一起參與。由場地佈置、分享內容、表演歌曲、司儀，每一個細節他們都一起參與討論及親力親為去準備。當日邀請了不同的地區人士、孩子學校的校長及老師出席。還記得小組家長及同行家長在台上娓娓道來他們的故事，分享在艱難路途上所重視的價值、信念，最後各地區家長與年青人上台獻唱，以歌曲表達心聲，過程中又發展了新的意義。

當日我們以水滴形名片收集在場人士聽到家長分享後的迴響——「觸動」、「形象」、「共鳴」、「推動」，收到很多的點滴回應包括：

你的「愛分享」，讓自己成為更豐富的「自由人」
做回自己，照顧好自己才可以照顧小朋友
讓我重新思考教養兒子的初衷
孩子是我們的禮物
與伴侶有分歧時，仍能求同存異達成共識，一切都為孩子好

分享會台上背幕有著這句說話：「以愛同行，與敘事相遇，散發生命力量」，家長真誠的分享感動了蒞臨現場的每一位聽眾。

以上都是小組後延伸的「點點滴滴」，它的意圖並非建立

「真理」，而是透過交織及連結不同家長的獨特經驗，發現一直受壓制的知識。透過每一次的再述說都會發展新的故事，與他人一起共同改寫個人故事，導向不同的觀點，發展不同的可能，並把這些知識及智慧得以流傳。

## 工作員的反思

### 謙卑之心

在現今社會洪流中，社工們不知不覺地習慣了要為服務對象提供教育及指導、按著標準程序做事，甚至希望服務對象能按照自己所指示的方式去解決問題。有時我們亦會在不知不覺中，有種想超越別人而帶來獨特的果效。然而，「超越」二字反而容易困住了自己，這種偏執反而會令自己陷入追逐競爭的壓力中。

這次計劃，我們嘗試了另一種可能——邀請八位家長成為「同行家長」，教授了有關敘事實踐的信念、社員見證會的背後理念及做法。既然敘事實踐強調沒有專家，我們相信這一套「知識」不一定是社工、專業人員才可學習。在過程中，我們看到同行家長的獨特——大家有著在地的、接近的語言及經驗，更貼近地區小組的家長分享。那種接納及不批判的態度，就像一起細味及欣賞著生命的獨特與不同的味道。在這種環境空間下，大家一起發掘在主流論述中「受壓制的知識」，並重新發現一直重視的價值、盼望，更體驗到「自己才是自己主人」的力量。

在敘事實踐中，經常提醒要察覺自己總有機會處於優越（privilege）位置，有時真的避免不到但可以不被這優越影響太多。這樣我們才可謙卑地與服務對象一起學習，旁觀他們如何把生命的困苦、逆境化成一種考驗、磨練。當我們見證每個人的差異與不同時，他們那「獨特」的光彩便可以自然地綻放光芒。

## 由心出發　用心聆聽

在同行家長工作坊中，我總會問「究竟自己做得夠好嗎？」、「介紹的內容能令家長掌握當中的技巧嗎？」「不夠好」（not good enough）經常來襲，當深入窺探自己的內在狀況時，不難發現自己在意別人的眼光、渴望別人覺得自己完美。當太重視別人怎看自己，便很容易會感到挫敗，因為一切都不是自己能控制。究竟「好」與「不好」由誰來定論？學習敘事實踐，其實是對自己內在的一種修練——建立一個不被外在標準影響太多的自己、思考究竟想要成為一個怎樣的自己、希望致力於什麼樣的能力。記得一位老師Jill Freedman在課堂中曾說過：「敘事治療不是一種『技巧』，而是『態度』。」「這種態度是由心出發，去感受別人的生命故事。」這是對人、對生命的一份尊重。

在敘事實踐中經常提醒我們要學習「聆聽」，甚至要「雙重聆聽」（double listening）（秦安琪，2021），聆聽當事人述說問題背後的另類故事，讓當事人感受到被聽見、被好好理解及回應，這過程更能看見「自己」，發現自己喜歡的「自

己」。在這次家長小組經驗中，體會到不一定是「受過訓練的專家」才懂得聆聽，我看見同行家長在小組中用心聆聽、用心感受，與當事人的經歷有著生命的共鳴及臨在時，其回應都很貼近當事人。那種由心出發的投入，有著個人偏好的身分，彼此也在喜歡自己、接納自己的不足、活出自己的好。這不只是技巧教導，更需要在個人生活經驗上慢慢累積及領略當中的智慧。當發現生命的可能，加上決心，並緊握勇氣，嶄新的體會便隨之發生。

## 總結

文章之始提出對「知識及權力」的反思，除了主流的知識，還有很多豐富的在地知識、被壓制的知識需要透過聆聽及理解，與當事人一起結集、發掘，甚至共同建構在地的知識。敘事實踐的信念強調當事人才是自己人生故事的專家，我們嘗試透過訓練實習者（train the trainer）的手法，讓同行家長一同接受敘事實踐的訓練，並於地區小組成為社員見證會的成員，也與我們一起成為這次敘事旅程的夥伴。

透過生命樹的比喻，同行家長能打開心扉，分享及釋放糾結的心情。還記得大家在分享問題以外的故事時，「眼淚」曾經出現，同行家長都能帶著慈悲的心，懷著好奇、非批判和不知道的態度，去聆聽「眼淚」背後所重視的東西。從似無還有的探索中，思考主流社會的文化價值是如何影響人的日常生活經驗，並進一步影響人的自我身分結論。

# 參考文獻

香港小童群益會及香港浸會大學青年研究實踐中心（2016）。
**有了您，撻著了我**。玻璃樹文化。

麥克·懷特及大衛·艾普斯頓（2018）。**故事·知識·權力 敘事治療的力量**。廖世德譯。心靈工坊。

秦安琪（2021）。原來有你──發掘似無還有。秦安琪、曹爽、梁瑞敬、黃綺薇及葛思恆合著。**重新詮釋人生風景：用敘事治療改寫命運，為生活找到解方**，頁110-138。張老師文化。

Denborough, D.（2008）. *Collective narrative practice: Responding to individuals, groups, and communities who have experienced trauma.* Dulwich Centre Publications

Foucault, M.（1980）. *Power/knowledge: Selected interviews and other writings.* Panteon Books.

Myerhoff, B.（1986）. "Life not death in Venice: Its second life." In Turner, V. Bruner, E.（eds）. *The Anthropology of Experience*, pp.. University of Illinois Press.

White, M.（1995）'Therapeutic documents revisited' in Re-authoring Lives: Interviews & Essays, pp.199-213. Dulwich Centre Publications.

White, M.（1997）. *Narratives of Therapists' Lives.* Dulwich Centre Publications.

White, M.（2000）. *Reflections on Narrative Practice: Essays and Interviews.* Dulwich Centre Publications.

White, M. & Epston, D.（1990）. *Narrative Means to Therapeutic Ends*. W. W. Norton.

# 說故事‧讓笑聲發現跳進寶庫

秦安琪

那年，退休已經好幾個月，收到東華三院復康服務部社工司李姑娘的電子郵件，問我有沒有興趣為她服務的人士做團體工作。以往我曾與社福機構一些受精神健康問題困擾的人士進行敘事個人對話，敘事團體倒是新的挑戰，心裡想我能夠勝任嗎？可這個禮遇著實太吸引我，便接受了邀請。

感謝容許我分享他們的經驗作為培訓和書寫用途的小組成員，好讓社福同仁、同樣受精神健康問題影響的人士及社會大眾有機會看到她們的故事，也聽到他們的聲音。事實上，各位組員並不是受助人士，而是這個計劃的顧問；以往我們聽到的多是她們受到精神健康問題纏擾及如何防止復發的故事，鮮有發掘問題以外的故事，希望這個小組可以做到。

記得在小組完成後，復康服務部的主任區姑娘曾經與我談到可以多出版相關的書籍就好了，這個願景一直未能實現。如今得到張老師文化的支持和機構的同意，終於可以夢想成真。簡單描述了敘事小組的概念後，我會為大家介紹團員在這個敘

事旅程中分享的故事及經驗和每一站的發現。因篇幅所限，只能揀選部分故事跟大家分享。旅程的發現給予我很多體會，不得不在最後的部分跟您分享。

## 為什麼是敘事小組？

Hastings（1997）指出有（精神）障礙的人士未能融入社群，與其他人有分別，屬「差異的一群」（頁8），問題使人與其他人及與自己隔離，讓人變得孤立無援，影響他與別人的關係及自我身分認同、挑戰人的價值（Butera-Prinzi, Charles, & Story, 2014）。敘事小組提供一個舒適安全的環境，聚焦每個人的能力、讓各人壯大在地知識和技巧、減低問題對生活和家庭的影響。小組過程讓組員訴說經歷及被人肯定（validate）、連繫小組成員、互相見證彼此的經驗，讓本來去聲和不被看見的生命再次被聽到和被看見。

根據Chen, Noosbond & Bruce（1998），小組是一個語言系統，讓各組員在經驗小組的過程建構意義，記錄組員話語的文件給予小組生命，所以在每一節小組（每一站旅程）完結後，我都會記錄各位團友所分享和描述的故事、使用的語言，在下一站把文件朗讀，把各人曾經表達的經驗回贈。我也會邀請他們回饋，並讓團友在每站旅程完結時有充足的時間重新閱讀和思考箇中經驗和發現。創造這些文件的原則包括：解構被窒礙的自我（subjugated self）、尋覓例外情況（閃爍時刻）、不知道的位置（以好奇替代假設、想像可能性、邀請團友的看

法）、內化個人的主權（即個人的意圖和能力）。

小組實踐的原則包括尊重平等及真誠透明的溝通、探索和支持組員在困境生活的主權、能力導向而非缺欠導向、關顧、命名不公義、小組旅程的重要性（Dulwich Centre Publications, 1997）。隨著團友的帶領，我們有機會挑戰主流對精神健康的理解、確認他們希望的生活、與各自的智慧技巧重遇、連繫和豐厚團友共同擁有的生命主題，建構未來的方向與行動，並建立平台讓她們發聲，合力挑戰公共信念（見第一章）及主流標籤對他們的不公。

## 「說故事・尋寶庫」旅程

參加這個旅程的團員都因不同的精神健康問題，包括焦慮、抑鬱、精神分裂、思覺失調等標籤，在工場度過不少歲月。李姑娘和我都深信每一位除了相關的故事之外，定必抱持著生命盼望，我們都希望旅程能呈現各人的價值信念、盼望夢想。

計畫這個旅程的時候，聯想到團員受到精神健康問題的煎熬、生活的各個範疇都可能受到不同程度的影響，他們是怎樣應對這些困難和挑戰？是什麼支撐著她們呢？他們的生命盼望夢想又是什麼？故此希望旅程可以循著以下四個方向或可能性行走：

1. 邀請團員提供對抗精神健康問題的方法與策略
2. 與團員探索精神健康問題對她們的影響
3. 為團員提供發掘個人盼望和人生方向的場地
4. 連繫團員，以豐厚他們的價值信念與盼望夢想

　　然而，他們為什麼加入這個旅程？是社工司認為他們有需要，希望她們能在旅程中獲益？那麼他們應允參加是因為社工司的權力？信任社工或跟他的關係良好？她們對這個旅程真的感到興趣嗎？無論是什麼原因，他們知道旅程的目的和內容嗎？他們對旅程有什麼期望？他們怎樣理解我這個陌生人？以往參加旅行團在出發前都有一個小茶聚，為了可以聽到團友的看法和意見，盡我所能解答她們對旅程可能出現的疑問，我要求可以先與每一位團友聚一聚。

　　我設計了一張請柬，邀請他們作尊上團員，他們有權接受或拒絕參加；便麻煩李姑娘送給每一位她挑選的來訪者。

小組請柬的投影片

李姑娘在學習敘事，她希望可以在場「學習」；我們不希望有一位觀察員，所以她也會作一些訪問。決定書寫這個旅程的時候，李姑娘已離職，因此無法邀請她參與，故文章也不會引述她使用的敘事問句。

### 與團友第一次接觸

由於距離旅程開始的時間很接近，最終只能與約莫半數的團友會面，每位的會面時間約為10～20分鐘。會面開始時，我先感謝她們答應與我見面，然後我向他們介紹：「很感謝您與我見面，也多謝李姑娘的安排，讓我有機會可以介紹這個旅程。我叫秦安琪，是一名社工。請問您收到請柬了嗎？有什麼想知道的嗎？或是否有什麼疑問或意見？」接著我會依邀請柬上的敘述簡單介紹八週遊的內容，再請她們提出問題和意見。

團友對旅程的內容和時間均沒有任何意見。一些團友很期待這個旅程，原因包括：在工場整天都是工作，沒什麼活動，可以參加小組是很好的；平時沒有機會跟其他人接觸，渴望可以跟別人交流。其中幾位團友的回應讓我印象深刻：阿芬疑惑在會面的過程，詢問小組是不是要訴說自己的事情？我的回應是：「你喜歡分享的便分享，不想分享便不用分享，最重要是讓你感到舒服。」阿光在會面時由始至終都說：「我很怕跟人交談，我還是不參加了。」我感到很矛盾，我該尊重他的意願，還是請他進入旅程？最後，我說：「請你給我一個機會，前來第一次的活動，再決定是否繼續參加，可以嗎？」我明白我是社工司介紹而來，這個請求也可能成為權力，然而，我還

是希望每一位團友接受邀請，一起找到與問題故事不一樣的脈絡和與「以往不一樣的我」（White, 2000；秦安琪，2021）。

會面結束前，我會再一次詢問團友是否有疑問，若他們在旅程開始前有任何疑問都可以告訴李姑娘傳達給我，我會盡所能地回答。

## 第一站　從「已知道和熟悉」到「不熟悉和可探索」的故事

精神健康問題雖然正跟每一位團友一起，敘事對話亦往往由外化問題故事（位置聲明地圖一）開始，然而，Michael的鷹架對話（2007）已把問題故事和盼望故事融合為一，那就是邀請來訪者描述帶來的生活片段，這些片段可以是問題故事或問題以外的故事。我們由團友熟悉的世界角落、熟悉的生活經驗開始。這樣一來他們可能會較容易描述經驗，頓時顯現「知者」（knower）的身分，二來可以締造安全的探索環境。

每位團友介紹自己之前，我請她們先把希望在旅程中的稱呼寫在他們自己挑選的名牌上，也可在名牌上貼不同貼紙。我預備了不同交通工具的圖樣，如電車、巴士、捷運車廂、自行車、渡輪，也有火箭、潛水艇，讓團友挑選她們希望乘搭哪一種交通工具體驗這個旅程；火箭和潛水艇讓團友發揮他們的想像空間，都是顯現個人主權的一些可能性。以下是其中一位團友的名牌。

名牌的照片

　　貼上自己選擇的貼紙這個動作看似容易，對阿光來說卻不然。感謝他讓我知道這不是他熟悉的經驗，我便請教這位專家。

阿光：我害怕別人說我愚蠢，什麼都不懂。（揀選貼紙）沒之
　　　前做的那麼簡單，來到這裡好像要做複雜的事，不懂怎
　　　樣做。
　秦：請您幫助我們，讓我們知道您認為複雜的地方在哪裡，
　　　可以嗎？

　　阿光回應不知道怎樣幫助我們，事件讓我體驗日常生活真是那麼容易顯現擁有特權的一群，也容易使我們忽略沒有特權的社會群體。

　　雖然團友都在同一地點工作，但參與旅程前不一定認識，因為居於同一區域，便透過團友描述共同熟悉的環境，從居住區域選出喜愛的去處，他們喜愛的地方主要是餐廳如麥當勞、

pizza hut，也喜歡超級市場。從熟悉的居處及香港最喜愛的地區，繼而是香港以外最喜歡或最希望可以遊覽的地方，目的是由已知道和熟悉的故事延伸到較不熟悉和可探索的經驗。

阿麗會存錢與家人去日本觀賞櫻花；同樣想遊覽日本的阿宏鍾情日本人「有禮貌、有文化、有民族性、自覺和自律」；阿菲回憶中學時期父親帶她與家人到東莞放煙花，回味父親為她們買來喜歡的燒鵝；阿金期望可以「一口氣急步跑上萬里長城」；阿光未想到想去的地方，表示「世界好多地方都想去見識」。

看到團友似帶興奮地分享想去的地方、聽到他們喜愛的食物，讓我回憶多次造訪台灣居於劍潭中心的時候，總會到士林夜市，也必定品嚐苦瓜鳳梨汁和虱目魚頭，不知道何時才能重遊舊地，重見友人？

曾經進行小組工作的同仁都可能會為小組訂立規矩（rules），例如守時、積極參與等，這些規條似是負責社工司對組員的期望。敘事小組有組規嗎？是怎樣的？由誰訂立？我的確關注團友對旅程的期望，我把這個環節變為「我希望……」我先寫下敘事的態度，包括彼此尊重、互相支持和鼓勵、沒有批評和指責、為我說的故事保守秘密、守時（是希望我們每一次可以一同起步）。然後邀請團友發表意見及分享她們對這個旅程的希望。令我最為深刻的期望是─被聽到和被相信：

可不可以
聆聽我們的
故事？

相信
我們的故事

在最後一個環節，團友挑選他們的寶盒，以保存旅程的物品（這個意念是參照香港小童群益會為有學習障礙兒的家長小組，同樣予每位組員一個寶盒）。每一個寶盒都不一樣，除了供每人選擇之外，亦寓意每一位都是獨特的個體。看見各人拿著自己的寶盒時面露笑容，對我是很大的鼓舞。

寶盒照片

## 第二站　智慧之行

自第二站起，開始的時候我都會讀出每一位團友在上一星期分享的故事，就像編輯（edit）一樣，主要是把經驗送還給

每一位（give back the experience）。

　　她們遇到的問題，是否會把他們帶到問題的位置？是他們可以舒服探索的話題嗎？為了讓團友與問題保持距離和空間，並顯現各人智慧的另類故事脈絡，我便帶來有抑鬱經驗的麗玲（第一本書[1]的其中一位主角）遇到的一些問題：

　　麗玲的大兒子出生後因發高燒致腦部發育出現問題，第二名兒子出生後，丈夫離家。不久，麗玲患上抑鬱症，曾因自殺被送到醫院的精神科接受治療。因為無法照顧兩名兒子，並為了照顧大兒子，把幼子送到孤兒院居住。

　　過去20多年，她曾多次因抑鬱病而進出醫院。醫護人員及社工認為麗玲沒有能力照顧兒子，故安排大兒子入住宿舍，至今26歲。

　　麗玲最感煩惱的是兒子最近的狀態欠佳，晚上睡得不好、心跳加劇、經常發脾氣，看了中醫多年都沒有幫助，她懷疑與加重的藥物有關。一直以來，兒子在家時，她都訓練他獨立和盡量照顧自己，也希望兒子能外出工作，故會因兒子自我照顧能力倒退而感到鬱悶，失去信心。

---

1　《重新詮釋人生風景：用敘事治療改寫命運，為生活找到解方》。2021年，張老師文化。

看了麗玲的經歷後，我向團友提出三個點子：

---

- 處境——麗玲正遇到什麼困難？她在努力做什麼？她為何如此努力？
- 希望得到的支援——她是否應該跟醫生說兒子的狀況？她經常感到鬱悶，很辛苦仍會撐著去上班，她還可以怎麼做，讓抑鬱減少？她可以怎樣幫助兒子獨立？
- 給麗玲的鼓勵

---

團友都急不及待建議兒子和麗玲可以怎樣應對困境：

**給兒子的**
展能就業
勞工署
庇護工場
增加兒子的認知能力
培養自我照顧

**給麗玲的**
做運動、去公園
打電話遊戲
畫畫、填顏色
找社工
去餐廳吃一頓

提到醫生加藥後使兒子情況變差，團友紛紛談到切身遇到的問題，跟耀龍遇到的經驗類近，讓我們反思醫療系統存在的問題：

秦：麗玲說兒子的情況愈來愈差，她是否應該告訴醫生？她說試過告訴醫生，所以醫生加藥了。

阿麗：我吃了10多年的藥，之前情況好差，現在轉了藥，情況好轉了。

阿宏：醫生很少轉藥，不會改的，我請他減藥他不會減。

阿麗：是的，半年換一次醫生。

阿菲：我覺得（跟醫生說）沒用。

阿麗：醫生不會跟你說話，見幾分鐘就是開藥。

阿菲：看診很快便出來，但卻要等候好幾個小時。媽媽帶我去看醫生，醫生便加了藥。

阿金：有個心態是希望不用吃藥和抽血。始終得面對現實，不吃藥不抽血不知道會有發生什麼事情。

阿菲：醫生說一套做一套。抽血和取藥分成兩天，我不方便請假，請他安排讓我同一天抽血和取藥，我說了多次結果還是一樣。

　　團友表示希望可以健康起來，不用依靠藥物，有時候吃藥反而讓情況變差，發呆是其中一個出現的情況，睡眠是「復原最快」的方法，藥物或生活讓團友感到屈悶時，找人傾訴、哭一會、看雜誌、看電視、聽音樂等都是良方。

　　團友為麗玲打氣的話：

> 開心一點、看開一點
> 加油努力
> 努力上進
> 不要放棄、日子有功
> 找人傾訴

　　最後，麗玲的故事可有為團友帶來任何印象、體會？我便邀請他們填上「當我遇到困境時，我會說……好給自己打氣」。

阿麗：身體健康、精神愉快、保持好心情。
阿菲：揀了一輛車的貼紙，寓意快點增加語文能力。
阿金：繼續努力。
阿宏：遇到挫折時不要放棄、要加油，哈哈笑。
阿光：盡量不要給自己太大壓力，放眼明天，希望開心一點。
阿威：為自己的精神努力。

　　阿宏在名牌上加了個哈哈笑，意為「天天都是這樣開心」。我們就在各人的歡笑聲中完結當天的旅程。

### 第三站　發掘生活寶藏

　　回顧團友在第二站給麗玲的建議、鼓勵，及給自己的鼓勵後，這一站「我們從困難中發現生命寶庫」。我們讓問題和它

的影響現身，呈現團友遇到困境、挑戰時，他們怎樣向問題說不，對抗問題的方法策略，及顯現他們對生命的盼望。

我請團友一一分享以下幾個範疇：

1. 我曾遇到的或我現在被 _____ 困擾
2. 它如何影響了我的生命
3. 我或他人嘗試過什麼方法對付它
4. 有用的方法包括 _____
5. 問題和它的影響不是我希望的，我希望的是 _____，
   或問題和它的影響是我希望的，這告訴我們我的盼望是

   _____
6. 如果問題出現，我要向它說不，我會說 _____

先請團友從不同的物件中揀選一樣東西能代表遇到的困難或困擾，形象化。

首先，我隨意預備了供團員選取一件物品代表她們遇到的困難，包括萬字夾、紙巾一張、刷紙膠、繩子等。阿菲選了一張白紙，她希望再讀書，以幫助改善工作、並有上進；她說現在沒有任何困擾。氣球能為阿麗充氣、加油。跟她的母親一樣，她堅持為家人做飯，照顧需要坐輪椅的妹妹。

聊到問題的影響時，團友描述的並不是主流注視的身體、生理、心理等方面的影響，而是歧視與標籤。

## 「不要歧視我們」

團友均表示醫生好像沒有聽到藥物對他們的影響，阿麗要找社工幫助。她「希望的幫助是怎樣的？」她的回應是不要歧視我們。團友所指的歧視是什麼呢？

| | | |
|---|---|---|
| 有什麼命案會先查看兇手是不是病患，說有精神病得預先通告，標籤了病患都會有衝動或是意志容易搖擺、會強硬或偏激…… | 與同學朋友外出吃飯，她們要我不要提到自己是病患，害怕鄰桌聽到。 | 有一次外出用餐，店員知道我們是病患便沒有替我們擦桌子，還粗聲粗氣說「不用理她們」。 |

團友也連繫吃藥和住院的經驗，阿麗從電視看到有一位病患服藥多年後，不知何解可以不用再服藥。阿菲和阿麗有以下的回應。

阿菲：我們要繼續吃藥。

阿麗：不吃藥會發作，要住院的。

阿菲：對呀。

阿麗：我試過住院，不敢再住。

阿菲：我寧願吃藥。

阿麗：吃藥不是大事，穩定了便行，不用住院。住院不能與家人一起、不能上班，怎辦？

二人的一番話，讓我回想兒時因病在醫院住了一個多月，

那時候家人都要上班，每天只能來看我一次，到了探病的時間眼睛便盯著病房的大門，期待其中一位家人出現，我是多麼掛念他們。接著每天到醫療中心服藥打針，後來改成每三天或一星期一次，這樣維持了好幾年，對我來說那是一段好漫長的歲月。團友與醫療系統和藥物一起的日子更長，也沒有幾多位會像那位服藥30多年後醫生說不用再吃藥的。面對標籤歧視等問題，他們是怎樣抵抗的呢？

阿菲會「努力讀書、上進、不要放棄」；阿麗會「做運動、微笑和睡覺」；阿金「從困難中學習、朋友鼓勵」；阿光表示「人生努力、面對困難。去過大自然充滿懷念、充滿希望」；阿威則會睡覺、做運動、放鬆。

由於年近歲晚，我們請團友分享「新的一年即將來臨，我願 ＿＿＿＿＿＿」，大家以歡笑聲結束這一站的旅程。

### 第四、五站　發現我所重視的

2004年參加澳洲杜維曲中心的一年學士後課程，很喜歡其中一個練習，我們從不同的圖片揀選一張，然後二人一組互相訪問，當中可呈現我們的價值信念。此後我會從雜誌剪下不同的圖片，以備在培訓中使用，讓參加者挑選可以呈現生命主題的圖片。

這一站我準備了多張圖片，請團友選擇一張或兩張最能讓

她聯想到所重視的東西，或可展示他的價值信念、盼望夢想的。過程中任何時候他們都可以另選圖片。接著我會逐一訪問，由於每一位的故事極為豐富，故此第五站我們繼續訪問，將原來第五站的主題「我的生命會員」順延至第六站進行。

## 勤力積極的阿菲

阿菲選的圖片

大專讀書時遇到壓力緊張，大自然的風光和新鮮空氣讓阿菲可以「透一透氣」得到休息；早上她會跑步，運動讓她感到「舒服」，看到水塘內的日本錦鯉，使她覺得「好開心、好精神」。跟這些「新鮮氣味」溶在一起，阿菲看到「好勤力、積極去做事」的自己。於是我好奇為什麼勤力積極如此重要？

阿菲：因為我的語言能力差，要努力一點。
　秦：有一些人沒有好的語言能力，但他們並不會在意。
阿菲：這怎可以？
　秦：為什麼不可以？
阿菲：要與人見面呀。

秦：見什麼人？

阿菲：我家請了傭工，菲律賓人，都懂得講中文。

秦：那為什麼要學英語？

阿菲：在外工作會需要的。

秦：聽妳這麼說，妳有機會在外工作。

阿菲：如果不能講英語，怎樣與外國人溝通？

秦：是什麼讓妳想與外國人溝通？

阿菲：可以不說嗎？

秦：那妳從哪裡學到勤力、積極？

阿菲：因為唸大學英文要很好。

秦：不知有沒有錯，妳希望有機會再念大學？

阿菲：或許吧。

秦：有少許這個念頭？是什麼激勵妳想再念大學？

阿菲：想考獲一個認證。

秦：是什麼認證？

阿菲：會計。


## 充滿希望的阿光

阿光選的圖片

阿光想去「充滿希望的地方」，他相信到不同地方「見識」那裡的人怎樣生活，他看到人是如此「渺小」。到工作以外的地方，他「不用停滯在工場，沒有自由」，他說「有錢都買不到自由」。

秦：聽到阿光說自由是重要的，也希望與人一起到不同地方欣賞風景讓你感到開心。

阿光：嗯。

秦：可以多說與朋友一起到不同地方看風景怎樣讓你開心？

阿光：互相照顧。

秦：除了互相照顧呢？

阿光：充滿希望，有吃的就充滿希望，覺得錢好偉大。

秦：你說充滿希望，是怎樣的希望？

阿光：生活有時候遇到困難，克服不了都盡量克服。

秦：有什麼形容詞可以形容這位阿光？他喜歡大地、好喜歡與朋友一起去不同地方、會好開心、大家一起吃飯、又會互相照顧、充滿希望，又會讓他克服困難，他好喜歡自由。你會怎樣形容這位阿光？

阿光：多謝阿爸阿媽，從小到大都是這樣生活。有時候遇到好恐怖的事情，盡量不去想它。

秦：多謝阿爸阿媽，他們讓你感受到照顧？

阿光：不用無家可歸，那感覺好恐怖，求生不得求死不能那種感覺，說出來都沒人相信。

秦：多謝阿爸阿媽，讓那恐怖感覺減少了。

阿光：嗯。

秦：大家互相照顧，讓你克服困難、充滿希望，讓人會開心
　　一點。

阿光：嗯。

秦：你在說這些時，我慢慢看到有很多笑容，那些笑容在告
　　訴我們什麼？

阿光：有時自己一個人，沒人和你聊，聊天比工作開心。

秦：能夠聊天說故事讓你開心？

阿光：是的。


　　聽完阿光的分享，阿菲回應：送走不好的事，希望你生活
愉快，阿光向她道謝。阿威被阿光「開心」的故事觸動，讓他
「現在開始要尋求開心的事」。看到阿威臉上掛著笑容，便迫
不及待問他這個笑容代表什麼？「跟他一樣，家人都支持我，
會帶我去遊玩、去旅行」，讓他感到開心。


**積極正向、永不言敗的阿麗**

阿麗選的圖片

阿麗選了可以讓人自由飛翔的滑翔機，她喜歡大自然所有景物，看著天空的雀鳥讓她開心。雖然沒有旅行的經驗，但阿麗希望能與家人一起去看巴里島和日本的大自然景色。日常她會為家人做事。

秦：照顧家人是妳經常做的事。

阿麗：嗯

秦：是什麼支持妳這麼照顧家人？

阿麗：有時候會疲累，有脾氣，但我告訴自己這些都是簡單的事情，要盡快完成。下班時很累，太累時媽媽和姊姊會幫忙。

秦：聽妳說需要做飯、照顧妹妹，所以覺得好累，是什麼叫妳這樣做？

阿麗：積極正向思想。

秦：從哪裡來的？妳怎樣學到積極正向？

阿麗：不知道（笑）。

秦：在背後支持妳的是什麼呢？

阿麗：正向，永不言敗。我學習家人的。我母親妹妹很堅持、姊姊有耐性，而我做事很快，心急。

秦：妳怎樣看到母親和妹妹有堅持？

阿麗：爸爸走了幾年，母親一直工作到60歲退休，別無他法才拿政府的救濟金。

秦：縱使母親工作辛苦，到退休才拿救濟金。妹妹呢？

阿麗：妹妹小時候已堅持做手術，她認為要做的事，會堅持每一天都做。

## 遠望希望的阿金

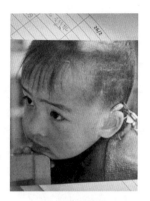

阿金選的圖片

　　阿金認為他與圖片內的小孩有相似的地方，小孩像「左耳入右耳出」，有些時候他也聽不到別人的說話似的；小孩望得好遠、眼神則像在思索和在等待，而他也經常思考怎樣把事情做好及「希望每一天都開心」。阿金說想多學習、用心工作，以便往後容易找工作和「學習到的都是自己的」。

秦：阿金，你剛才說孩子望得好遠，並有希望。想像你向前
　　望遠，你會望到什麼？
阿金：希望往後的日子自己開心，多學習，做回一個正常人，
　　　因為畫內的小孩是聾子。
秦：做回一個正常人，生活會怎樣？
阿金：多姿多彩。
秦：多姿多彩。想像阿金剛才說重拾社會，如果遠望時有希
　　望、開心、做回正常人、生活是多姿多彩，那時候的阿

金會怎樣？

阿金：覺得好。

　秦：會怎樣形容那時的阿金？

阿金：會覺得自己變了。

　秦：變了，這個變是好的還是不好的？

阿金：會進步。

　秦：那時的阿金是一位進步的阿金，這位阿金會是你所喜歡
　　　的阿金嗎？

阿金：是。

　秦：當這位進步的阿金或在進步中的阿金遇到困難，或有時
　　　候遇到左耳入右耳出的情況，你會向他說什麼讓他繼續
　　　有進步？

阿金：叫他多向人請教、自己盡量學習，學到多少便多少。

## 阿威「有酒今朝醉」背後的親情

阿威選的圖片

紅酒瓶讓阿威想起每星期到岳母家，10多人吃飯喝酒。這個聚會在他未結婚前已經開始，讓我們見證他與家人的聯繫和與岳母間的愛護，也讓我感到無限溫暖。


　　秦：是什麼使你們自你結婚前每星期都聚在一起？

阿威：談天吧。

　　秦：你怎樣形容這個關係？好、頗好、非常好、親密，或是怎樣？

阿威：好。

　　秦：背後有什使你們聚在一起？

阿威：岳母現在住老人院，我們每星期會接她回家吃飯。

　　秦：接她回家吃飯，她怎樣？

阿威：Okay。

　　秦：聽到你說Okay，也看到有笑容呢，是開心、不開心，還是怎樣？

阿威：開心。

　　秦：你說大家一起吃飯、吃完飯打麻將、太太姊姊做飯。大家嘻嘻哈哈談天喝酒。你怎樣形容這生活？

阿威：開心。

　　秦：背後是什麼？

阿威：親情。

　　秦：你結婚多久？

阿威：10多年了

　　秦：結婚前已經是這樣。

阿威：是好難得的東西。

## 重視親情的阿宏

阿宏選的圖片

秦：有什麼使你形容關係是好的？（阿宏剛才有提到與母親
　　的關係）

阿宏：時常慰問我，照顧我起居飲食。

秦：除了照顧，還有別的嗎？

阿宏：阿媽會問我為什麼要吃藥，雖然她不大理解，都是出於
　　好意有心。因為我已病了20年。

秦：聽你這麼說，媽媽除了照顧，可不可以說都有關心、有
　　心？還有嗎？

阿宏：日常會幫我打點。

秦：這讓你怎樣？

阿宏：沒牽掛、沒煩惱。

秦：你怎樣形容這個生活？

阿宏：開心。

秦：開心。和媽媽的關係你會怎樣形容？

阿宏：最好的。不過有時候她嘮叨我便發脾氣。（阿宏舉了一
　　個例子）

秦：嘮叨在說什麼？

阿宏：是親情。

聽完其他團友的回應，阿宏有以下的策略和發現：

阿宏：應該學習收斂脾氣。

秦：把脾氣收斂會怎樣？

阿宏：冷靜一會，氣氛會輕鬆一點。

秦：那你會跟脾氣講什麼？

阿宏：「不要這樣」。

秦：媽媽知道你會叫脾氣「不要這樣」，把脾氣趕走，讓氣
氛輕鬆一點。脾氣無法影響你們，媽媽會怎樣？

阿宏：會開心。

秦：你呢？

阿宏：都開心。

## 第六、七站　我的生命會員──總有您在我左右

阿宏在上一站已為我們示範了生命會員對話的兩個部分：
會員對他生命的貢獻及他對生命會員生命的貢獻（梁瑞敬，
2021）。這一節我們邀請團友在VIP紙上填上生命中重要的會
員後，每位輪流介紹其中一位最重要的會員，都跟第四、第五
站提到的會員相約。這裡只挑選了阿光的對話。

加入VIP 紙

　　四位生命會員中，阿光挑選了小學四、五年級的老師。因為阿光曾有打老師的行為，老師責罰他站在課室門口。

　　秦：（曾被老師責罵）是什麼讓你認為她是重要的？

阿光：曾經在哪間學校讀書，好懷念。

　　秦：那你會想談談這位老師，或是懷念的地方？

阿光：多謝她教訓我千萬不要得罪別人。

　　秦：讓你學到什麼？

阿光：尊重她。

　　秦：你怎樣尊重她？

阿光：知道當時是因為我打了她，她才罵我站在門口，有這樣
　　　一個教訓。

秦：今天那個尊重仍與你一起。

阿光：仍然掛念她。

秦：還有什麼讓你掛念老師的？

阿光：忘記了。

秦：還有機會與老師見面嗎？

阿光：沒有了，不知她在哪裡。

秦：你猜想如果老師今天就在這裡，她知道你認為重要的人
　　就是她，及多謝她教懂您尊重別人，現在都受用，她會
　　說什麼？

阿光：好感謝你說這些話。

秦：她會看到自己是怎樣的一位老師？

阿光：有責任感。

秦：有責任感，處罰學生讓他學會尊重別人，多謝你記起
　　她，發現自己是一位負責任的老師。你今天記起老師又
　　怎樣？

阿光：懷念她。

秦：那讓你開心、不開心，還是怎樣？

阿光：開心。

　　團友在過去幾站多了回應其他團友的說話、會自由分享共
鳴的地方，也聽到歡笑聲不絕。

### 第八站　打開寶庫之門——到達目的地，讓我們更堅強

　　分享了團友的生命會員訪談內容後，我們把個別證書和手

冊送到團友的手上，待每位翻閱手冊後邀請她們分享參加這個旅行團的發現、經驗和意見。

證書的照片

阿麗：

希望自己生活愉快、身體健康、心情積極、家人身體健康，一家人相處融洽。

阿金：

雖然沒錢但好開心、雖然沒朋友但學到自己獨立、雖然時間好少但都會覺得過得好充實。

阿光：

懷念我生活過的地方、做過工作的地方、年青時遇過的事、懷念出生的地方，做人要活得開心一點、喜歡單獨的生活、要愛護自己、活到老學到老、不要給自己大壓力、做人要充滿希望。

阿威：

天天有進步，天天開開心。

阿菲：

學刀劍法，這是理想。

團友以拍手的行動見證彼此的發現和盼望。他們在自製的證書寫上這些句字：

阿金：學業進步、再接再厲。（他的證書貼了好多哈哈笑，他說表示心情開心，開心自然有健康。）

阿菲：貼紙代表讀完8節，星星代表加油、努力、向前；魷魚是周圍去，尋寶發現自己想學刀劍法。

阿威：8堂都學到少許東西，學到怎樣說話。平時害羞不懂表達。（那離開旅行團後他想像會在哪裡表達自己多一點？）關於自己的事、有關自己利益的事、不對的會爭取。

阿麗：終於畢業了，學習到，好光榮畢業了。

阿光：希望在人間，做自己喜歡的事，不要怪責家人，盡量生活得精彩每一天，生活有滿足感。

　　為了表達對各位團友予我的特許（privilege），讓我有機會參與他們生命中極微細的某個片段，在姊姊的督導下我做了一個海綿蛋糕在旅程終結時一起享用。目睹每位邊喝飲料邊吃餅乾糖果、邊聊邊看寶藏，隨後帶著自己的寶庫、臉上出現的笑容，及至今仍在我腦海盪漾的笑聲，又一次推動和支持我要繼續實踐敘事。

## 旅程的發現

　　旅程讓我見證很多無法預知的發現，不得不在這裡細訴。

### 說不完的故事

帶著戰戰兢兢、有點擔憂的心情展開旅程。在一個儲有雜物、幾十呎的房間，裡面只能擺放一張長桌和約10張椅子，沒有空間可以貼上大腳印寓意旅程、也沒有任何裝飾，只可利用一部筆記型電腦和投影器播放投影片。簡單的設備是否會使團友感到沉悶、不感興趣？

恰好相反，我有機會傾聽一個又一個的故事，一段又一段的生活經驗穿梭在空氣中。感激團友對我的信任，容許我走訪他們的世界，讓我知道未被聽到和看到不熟悉和可探索的經驗，最後引領我進入她們的生命寶庫，與他們沐浴其中。

## 標籤、壓制、歧視永不能佔據生命的全部

「精神病患」的標籤無疑是影響著團友生活的不同範疇。他們在受保護的環境下，每天完成委派給他們的工作，沒有多少位會離開庇護工場到社會就業。這是他們希望的嗎？是保護還是隔離？團友在同一庇護工場工作多年，可大家聊天的機會很少，甚或不認識其他團友。不知道為什麼我總是想到差利卓別林在電影「摩登時代」每天做著同一個動作、同一樣工作，像成了一座大機器。深信這絕對不是社福機構或社工司的目標，可我們可能成了壓制她們的一分子。

團友也描述了與朋友聚會、在餐廳用餐時遇到的歧視目光和對待；在醫護觀察和照顧下，他們的聲音消失了。不過，這

一切都無法阻擋她們被聽見、被相信、被看見的渴求；也不能完全遮蔽他們對生活的盼望和生命的珍視。他們渴望可以跟別人交流、樂於為麗玲及她的兒子提供抵抗困境的方法，也顯現他們的在地知識和技巧。最讓我感動的是各位團友另一半的故事在旅途中一一呈現眼前。

## 笑容滿天飛

如果要描述這個旅行團令我印象深刻的地方，我必定挑選「哈哈笑」和微笑。阿宏和阿威在他們的名牌加上哈哈笑的公仔和字句。在整個旅途上，我亦經常提出以下三個有關笑容的問句：

- 那些笑容在告訴我們什麼？
- 這個笑容代表什麼？
- 看到有笑容，是開心、不開心，還是怎樣？

「開心」似乎是每位團員盼望的。阿威希望天天都是這樣開心、阿光表示聊天較工作開心。被阿光的故事觸動，阿威表示現在開始要尋求開心的事，他臉上掛著的笑容代表家人都好支持我，會帶我去遊玩、去旅行，讓他感到開心。阿金在自製的證書貼了很多哈哈笑的貼紙，寓意心情開心，開心自然有健康。

## 笑聲與發現

「笑」除了代表各人都帶著或盼望的「開心」，我想像是

否也承載著那些久未露面，但有待繼續發現和豐厚的偏好和盼望？伴隨團友的笑容和笑聲是一個又一個的發現——各人偏好的生活和偏好的身分。

透過重寫生命外化對話，我們見證團友擁有的特質：努力、上進、不放棄、自由、積極、永不言敗、親情、多學習、開心、尊重、責任感……如果旅行持續進行，相信這個偏好清單會寫上更多的形容詞及它們的意義。那個時候，我們得另覓寶庫收藏了。

### 與以往不一樣的她／他（other than who s/he was）

讓我觸動的是隨著旅程向前邁進，見證團友的不一樣。本來不大說話的阿菲是一位支持別人的天使，團友分享盼望故事後，她會作出回應。阿光本來不想參加這個旅行團，他不但進入旅程的第一站，在每一站滔滔不絕分享故事與經驗。最後一站他的「好文彩」讓團友讚嘆，並為他鼓掌。

旅程快將結束之際，阿麗和阿金成為訪問員。阿麗好奇我退休前的工作，我都一一回應。阿金向「姑娘」提出了問句。

阿金：姑娘，你製作這本手冊有沒有困難？
　秦：需要思考的……您問這是想到什麼嗎？
阿金：在想有沒有困難？

距離旅程已有6年多了。此刻，懷著無限感激，他們的故

事、發現和笑聲此生都會陪伴著我和溫暖我心，讓我堅持行走揀選了的敘事實踐之路。沒有機會再與他們見面以表謝意，唯有在這裡獻上劉虞瑞作詞，陳國華編曲，楊培安主唱的〈我相信〉。也願這首歌能為每一位讀者的希望重現，喚醒我們「心中最美的樂園」。

想飛上天　和太陽肩並肩　世界等著我去改變
想作的夢從不怕別人看見　在這裡我都能實現
大聲歡笑　讓你我肩並肩　何處不能歡樂無限
拋開煩惱勇敢的大步向前　我就站在舞台中間
我相信我就是我　我相信明天
我相信青春沒有地平線
在日落的海邊　在熱鬧的大街
都是我心中最美的樂園
我相信自由自在　我相信希望
我相信伸手就能碰到天
有你在我身邊　讓生活更新鮮
每一刻都精彩萬分 I do believe

## 參考文獻

秦安琪（2021）。原來有你──發掘似無還有。秦安琪、曹爽、梁瑞敬、黃綺薇、葛思恆著，**重新詮釋人生風景 用敘事治療改寫命運，為生活找到解方**，頁110-138。張老師文化。

梁瑞敬（2021）。生命的連結：重組會員對話。秦安琪、曹爽、梁瑞敬、黃綺薇、葛思恆合著，**重新詮釋人生風景 用敘事治療改寫命運，為生活找到解方**，頁170-199。張老師文化。

Butera-Prinzi, F., Charles, N. & Story, K.（2014）. Narrative family therapy and group work for families living with acquired brain injury. *International Journal of Narrative Therapy and Community Work,）* no.1, 51-60.

Chen, M.W., Noosbond, J.P. & Bruce, M.A.（1998）. Therapeutic document in group counseling: An active change agent. *Journal of Counseling and Development,* 76（4）, 404-411.

Dulwich Centre Publications（1997）. Part One: The work of the Dulwich Centre Community Mental Health Project. In Companions on a journey: An exploration of ⋯ an alternative community mental health project. *Dulwich Centre Newsletter,* （1）, 8-16.

Hastings, E.（1997）. Hidden disability discrimination. In Challenging disabling practices: Talking about issues of disability. *Dulwich Centre Newsletter,* no.4, 8-11.

White, M.（2000）. *Reflections on narrative practice.* Dulwich Centre Publications.

White, M.（2007）. *Maps of narrative practice.* W.W. Norton.

# PART 4

# 長者的經驗

# 敘說「三高」健康Get, Set, Go

梁樂衡

## 充斥著病痛的人生

在醫學上被診斷患有「精神病」或者「情緒病」的朋友，往往會受到不同形式的標籤。普羅大眾普遍以「神經錯亂」、「瘋癲」、「變態」、「有問題」等詞語來形容他們，加上醫學上的病理標籤，他們會把不同的標準病徵內化為個人的問題和缺失（丁惠芳，2019）。自此，他們的生命被這些社會主流論述佔據，個人生命故事變得單薄，生命的意義變得虛無，漸漸忘記了自己的個人價值，理想和信念。而這種情況發生在長者身上，其影響力或許會更大。

不同情緒及心理狀態均會影響身體的健康，過多負面情緒亦會令長者感到身心不適（香港衛生署，2020）。隨著年齡的增長，長者的身體機能開始退化，各式各樣的疾病開始浮現，「健康狀況」的轉變會牽引起負面的情緒。同一時間，我們不難看見長者會因為「情緒」出現，而感到頭暈、頭痛、心悸、呼吸困難等情況。使這些身體狀況不足以構成疾病，但是這種狀態長期出現，也會影響長者的身體健康。在「精神病」與

「身體疾病」的夾擊下，長者經常生活在情緒與健康相互影響的惡性循環中，整個人生就好像跟「病痛」合為一體，彷彿再沒有其他值得關注的事情。

生活在「病痛」故事下的長者，常把生活上的各種問題內化為自己的個人問題和失敗，常常質疑自己的能力，甚至一起加入標籤自己的行列，直接認可社會對他們的單一論述。例如他們經常提及自己「全身病痛，沒有用」、「我有精神病」、「我是不正常的」等等。這些將問題內化的行動，使他們受問題困擾的故事線更為突出，進一步隱藏其他生命故事的可能，對他們的生活有著不同程度的影響。或許讀者們沒有想像過，有些長者不敢到長者中心參加活動，不是因為他們厭棄其他老友或長者中心的環境，而是他們在常規化判斷（normalizing judgment）的權力壓制下，塑造自己為一個「有問題」的人，覺得自己不是一個正常的長者，除了害怕別人歧視的眼光之外，也害怕自己的「精神問題」影響到別人，從而選擇遠離一般社區的生活，減少外出及避免與他人接觸，把自己困在「病痛」的故事裡。

## 「病痛」以外的多元故事

近年長者精神健康問題得到社會的關注，不同的服務應運而生，從多方面支援面對困境的長者。服務模式亦由傳統只著重減輕病徵的醫學模式（Medical Model），慢慢轉化到以改善社交和工作生活的復康模式（Rehabilitation Model），以至現

在盛行，以多元故事，活出生命意義為主的復元模式
（Recovery Model）（Anthony, 1993）。

但是面對長者的長期病患，服務模式仍多以醫學模式為
主。例如近年大家高度關注的「三高」問題，即血壓高、血糖
高和血脂高的情況。患有「三高」的長者，一般都是根據不同
的醫學指標來檢視自己的狀況，以社會醫學專業的意識形態來
約束自己的行為，從而達致自我健康管理的目標。這個「自我
健康管理」的故事裡，大多是圍繞藥物治療，飲食控制和運動
提升。然而它的背後除了是科學鑑證的支持外，又如何與長者
的生活有所連繫？當中有沒有一些「病痛」以外的故事線，對
長者來說是重要而有意義的，但卻被隱藏了？

## 以敘事實踐理念為主調的小組工作

筆者有幸在精神健康綜合社區中心[1]，為同時面對「情緒」
問題和「三高」問題的長者，推行了以敘事社群實踐
（collective narrative practice）方式進行的小組。小組透過說故
事的形式，讓長者重新理解與「病痛」相處的經驗；揭示醫學
「真理」對他們生活的影響；拆解社會主流論述的「三高」，
如何影響長者理解自己的健康狀況，並以他們最貼近的經驗來

---

1　精神健康綜合服務中心是由香港不同的非政府機構營運，為有需要的精神病康復
　　者、懷疑有精神健康問題的人士、他們的家人／照顧者及居住當區的居民，提供
　　由及早預防以至危機管理的一站式、地區為本和便捷的社區精神健康支援服務。
　　在臺灣，相近似的服務由社區精神復健機構提供。而中國大陸，則由公私營醫院
　　及精神衛生專業機構所營辦的社區診所提供相似的服務。

發掘屬於他們自己偏好的故事，開展診斷以外的生活經驗；最後透過社群實踐的力量，讓大家搜集不同看待「三高」的方法，互相分享不同的生命故事，震盪出一些對未來生活的憧景和期盼。**我們能從說故事當中，看見自己內在隱藏的期待、感受及渴望**（周志健，2012，頁161），筆者希望透過這個小組，讓長者為「病痛」的故事賦予一個新的意義。

整個小組以「生命影帶」為一個隱喻，喻意生命不是單一的故事，每一個經歷，每一個情節背後都蘊藏著不同的意義，而我們可以從不同的故事中找到自己的理想生活。每節過後，組員均會製作一格屬於他們的「菲林」（膠卷），將「小組旅程」的感受和體會以文字或畫作記錄在屬於他們自己的「生命影帶」裡。筆者在每節均會邀請他們分享自己的「菲林」，發掘他們珍視的價值和信念，讓不同被隱藏的故事能逐一展現出來。而在小組結束時，他們會一起翻閱自己的「生命影帶」，再一次認識那個理想中的自己。

## 影帶一　外化「三高」──位置聲明地圖一

在敘事實踐中，我們不視「人為問題」，視「問題才是問題」。所以我們往往會將人的自我認同和問題分開，而外化對話就是用以分開這兩者的一個方式（艾莉絲·摩根，2008）。透過言語上的技巧，為內在的「問題」轉而變為一個外在的「個體」，從而令到人與「問題」之間產生距離，可以讓當事人重新檢視自己和「問題」的關係，繼而重新找回偏好的自我認同。外化對話可用位置聲明地圖的形式來呈現，並分為四種

探索類形：第一，協調出獨特且接近真實經驗的問題定義；第二，繪製問題影響的地圖；第三，評估問題行為的效應影響；以及第四，為評估辯護（麥克・懷特，2008）。影帶一參考「位置聲明地圖」中的首個探索類形，先讓組員以最貼近的經驗來形容屬於他們的故事，並為其命名，以便在稍後進一步展述它帶來的影響。透過命名的外化工作，我們可以使「三高」這個問題獨立起來，讓他們重新檢視自己與它的關係。

在互相認識，以及簡介敘事實踐理念後，筆者邀請組員分享他們如何看待「三高」。過程中，大家各自有不同的想法，但大多覺得自己在不同程度上也受到它的影響，於是筆者邀請他們以一個名字來形容它。而為了讓組員能更具體地描述和表達，筆者利用了「妙語說書人」的遊戲卡片，讓大家能從中找到一些靈感。當然，那些卡片只是輔助工具，過程中筆者強調組員可以選擇自己的物件，甚至自行聯想出一個名字。以下是其中一些組員揀選的卡片：

阿永把自己的「家庭」畫在生命影帶中

一隻大白熊抱著三隻小熊。阿永為自己的故事命名為「家庭」，說自己就像那隻大白熊，而三隻小熊則分別代表「三高」，他會把「小熊」當成是親人一般的照顧；

問號卡。車車以「問我」來形容自己的故事。因為他覺得人生很多的事情也只能問自己才知道答案。例如只有「我」才知道自己要怎樣的生活，要如何控制「三高」等；

其他組員則分別以「小雨點」、「天空小鳥任飛翔」、「有上有落」、「糖糖」、以及「危險」來為他們的故事命名。由於篇幅有限，未能詳列所有命名的原因。但讀者們也可以從不同名字中看到，命名這個行動讓組員以最熟知的生活經驗來形容自己的故事，而每個人的故事與主流論述對他們的標籤也有所不同，故事不再是千篇一律的模型，而是獨特和有意義的。透過外化的工作，大家開始與「三高」建立距離，同時為脫離「病痛」這個單一故事線建立出口。

為了鞏固組員們獨一無二的故事，筆者邀請他們回家把自己命名的故事畫在他們的「生命影帶」裡。讓他們再一次回想自己獨有的生活經驗，反思主流論述與自我獨特故事的不同，為往後的小組發展建立一個基礎。

## 影帶二　似無還有（Absent but Implicit）

似無還有是敘事實踐中常常關注的項目，它是指一些來自

「眼前」經驗背後所隱藏的意義。問題故事的成形往往來自一些相對的非問題經驗（麥克‧懷特及大衛艾‧普頓斯，2001）。在「問題」的背後，其實往往隱藏著人所珍視的價值、信念和希望等。我們透過雙重聆聽（double listening）的技巧，從這些「問題」故事當中，發掘出被當事人忽略的經驗，讓當中隱喻的價值和信念重新呈現。

阿貓在生命影帶中畫上屬於自己的故事

　　起初，組員一起回顧和分享自己的「生命影帶」，讓他們再一次向大家展述自己獨特的生活經驗，使他們明瞭各人蘊藏著不同的生命故事。之後進行一個簡單的熱身遊戲──生命線，旨在打破大家對「三高」的既有想法，繼而再發掘被隱藏的意義和價值。

　　筆者先讓大家憶起自己首次跟「三高」相遇的時間，並寫在自己的手心，不讓別人看見。然後邀請他們不用語言和文字，順「時序」排出一條直線（最早與它相遇的組員排前面）。雖然全部組員都不年輕，但是在年齡上還是有一定的差

別。遊戲前，大家都認為「三高」是年長者的專利，最早遇見它的一定是年紀最大的，還笑言未開始已經知道排序結果。但遊戲完成後，大家都「跌眼鏡」[2]，因為有些較為年輕的組員，現實裡反而更早遇到「三高」。這個排序結果頓時令大家刷新三觀，有所感悟，開始質疑它的必然性。

接著，筆者邀請他們分享最初與「三高」相遇的情況，以及如何被它影響（位置聲明地圖一，第二個探索類形）。或許因為它長時間佔據了大家的生命，加上在傳統醫療機構下，那些病徵以外的故事並未獲得聆聽，他們十分雀躍地分享自己受到的影響。例如它會令人想法變得負面和情緒變得不穩定；令人時常擔心身體健康變差，要服用更多藥物；令人害怕日常飲食會影響病情等。

隨著這些影響生活的事情浮現，筆者再邀請大家評估一下它們，並了解他們當中的想法和原因（位置聲明地圖一，第三及第四個探索類形）。由於組員一直都根據醫學模式所建構的方法來回應和看待身體健康的問題，較少探索「影響」背後的意義，所以起初他們大多還是會以傳統處理和應對問題策略的方向來評估問題所帶來的影響。例如大家會專注於如何監察各項身體指數的變化、要多花時間做運動、以及要改變日常飲食方式等。這些回應表示組員仍專注在「病痛」的單一故事線

---

2　「跌眼鏡」是廣東話用語，意指出乎意料的結果。

中，並未發掘自己更多元的故事線。面對這個情況，筆者希望不給予意見地引領他們跳出「病痛」，因此作出了一些提問，讓組員思考「應對問題背後的原因和動力」：

「這些影響跟你們上次回家後，畫在生命影帶裡的命名故事有沒有關聯？」
「你們是否接受這些影響，有沒有什麼想法？」
「你們這麼辛苦做運動，為了什麼？」
「你們可以選擇什麼都不做，為何要改善健康？」
「如果你擁有健康的身體，你會希望自己的生活是什麼樣的？」
「你們做了那麼多的改變，有沒有什麼期望？」

經過不同的提問後，組員慢慢開始跳出「病痛」的柜架，思考自己追求健康的原因。他們認為「三高」不是洪水猛獸，而是生老病死一部分，只要自己有決心，便能與它同行。而他們之所以積極應對不只是為了自己的身體健康，更是為了家庭。他們不想家人擔心，且十分珍惜與家人一起相處的時光，希望自己能擁有健康的身體，繼續與家人同行，享受幸福和愛。他們的分享打開了另類故事線的缺口，不再只集中討論「病痛」的影響，而是探索更多他們與家人和朋友相處的故事，發掘他們對家人的愛和朋友對他們的支持這些似有還無的情節，為發展多元的故事帶來更多的動力。

**說故事，會叫人看見生命內在的渴望，給出人生的方向，**

並產生行動力。

（周志健，2012，頁199）

經過這節活動的經驗，大家對於「病痛」的故事有了新的理解，他們看見自己追求健康背後的原動力，繼而產生更強大的行動力來發展他們所想要的生命故事。「病痛」仍然存在，但組員開始不再受限於這個單一的故事線，他們有了新的方向讓「病痛」的人生變得有所不同。

## 影帶三　重寫故事對話──位置聲明地圖二

**位置聲明地圖二藉由聚焦於個案的特殊義意事件，以及那些受問題滲透的主要故事線的例外，產生了另類故事線。**

（麥克・懷特，2008，頁203）

位置聲明地圖二，重點是集中在人如何影響「問題」，以保持自己的個人價值和信念，著重對生命的反思和找出盼望的故事。筆者在這節活動將地圖二的探索類型融入角色扮演的活動中，利用組員間的互動來尋找他們與問題相處的能力，從而開展另類的故事線。

在日常生活中，組員雖然不時受到「三高」影響，但他們同時也有影響它的能力。因此，筆者安排與「三高」對話的角色扮演活動，讓組員自由創作劇本，以及利用不同形象化的裝飾品，以他們最貼近生活的經驗來扮演「糖尿病」、「膽固

醇」、「血壓」、醫生、護士、以及病患者等角色，並與他們對話。筆者期望在對話的過程中，大家能發掘自己影響它的能力，脫離活在「病痛」下的單一故事線。

角色扮演中所用的道具

　　角色扮演模擬日常生活情況，大家代入角色，利用他們對「三高」的認識，純熟地把它們不同的特質展現出來。例如「血壓」會在他們緊張的時候大幅跳動；「膽固醇」最喜歡伴隨著美食一起出現；「糖尿病」總跟著愛喝可樂的朋友等。這些「特質」都耳熟能詳，但是當我們透過角色扮演將它們外化時，這些生活情節變得「獨立」。它們不再內化於個人的生命，而是一個個不同的故事情節，讓大家可以抽離自己，以另一角度去檢視和看待這些情節。當大家熱烈投入角色扮演的時候，筆者開始加入一些行動景觀（landscape of action）的提問：

　　「當它出現的時候，你們會怎樣對付它？」
　　「會做什麼事情？」

「何時做？」

「如何做？」

「有誰會一起參與？」

這些提問讓大家回想回應「三高」的經驗，以至想出反擊的計畫。如阿豐說「膽固醇」會影響他與同朋友間的相處，因為朋友的活動大多是外出用膳，但餐廳的食物相對肥膩，這時候「膽固醇」就會出來作怪，令他不想外出。後來他為了跟朋友聚會，於是主動邀請朋友到一些「有營」食店，並與他們分享一些健康知識，更計畫未來邀請朋友一起自煮新鮮食物和一起多做運動等，維持與朋友的連繫。

而承接這些情節的發生，筆者再加入一些身分景觀（landscape of identity）的提問：

「這些回應它的方法，背後有沒有什麼用意、目的？」

「這些行動有沒有什麼目標或意義？」

「這些行動當中，是否跟自己的信念和價值有關？」

行動景觀的提問豐富了組員回應「三高」的故事情節，他們重新確認自己擁有影響它的能力，並計畫未來與它相處的方法。而身份景觀的提問則是希望找到行動背後的企圖，以及當中所持有的個人價值和信念。如阿豐為對抗「膽固醇」所帶來的影響，進行了不同計畫以讓他能維持與朋友間的連繫。在身份景觀的提問下，他進一步理解自己的行動是基於對朋友的重

視，他渴望與朋友擁有良好的關係和緊密的連繫，珍惜與朋友相處的時光。

**在敘事實踐中，自己的聲音也可稱之為「在地性」，那是屬於一個人獨特的觀點與看重的價值和深深的望。**

（黃錦敦，2014，頁125）

組員在活動中，面對著經過「外化」的「三高」，展現了很多他們追求在地性的能力，而這些能力是他們獨有且存在已久的。同時間，他們一直運用這些能力來保存自己的個人價值。經過這次角色扮演的活動，組員能重新肯定自己，找回一些屬於自己的個人價值，讓「病痛」這個單一的生命故事得以開始重寫。

## 影帶四　找回偏好的故事（Preferred story）

敘事實踐將人視為自己生命的專家，只有自己才能最了解自己的信念和希望。然而我們生活在社會裡，經常會受著不同的論述所影響，為自己建構了一個單薄描述的故事。

**單薄的描述會經常對人的自我認同造成單薄的結論。**

（艾莉絲·摩根，2008，頁33）

當多個單薄的故事編織在一起時，便會把我們個人的能力、想法、感受、價值、信念與希望等埋藏起來，形成一個

「問題」故事線。

**所有的發生都不是意外，也不是巧合，都是有意義的。**

（周志健，2012，頁50）

為了讓屬於我們偏好的故事重新展現出來，跳出單薄的故事線，重新找回偏好的自我認同，敘事實踐者會透過敘說故事，讓我們回想一些被遺忘的片段和情節，並理解當中的意義，繼而重新建構一個我們所偏好的新故事線。筆者特意在這節活動中，以「時光倒流」的形式讓大家尋回一些長留於心中，但已被遺忘或隱藏的個人價值和信念，嘗試探索和理解它們的意義。

筆者預先在另一房間裡貼上了不同年代的懷舊相片，簡單地以相片將場景模擬約二十年前，即所有組員尚未遇上「三高」之時，並在牆上貼了各種不同個人特質的形容詞。同時，筆者事前準備了一段錄音，把香港過去20年來一些民生大事的新聞內容，以年分倒序形式剪輯並收錄起來，模擬時光倒流的效果。

活動開始時，大家都被蒙上眼睛，手放在前面組員的肩膀上並排成直線，然後由筆者慢慢帶領他們走進「時光倒流」。過程中，組員在暗黑的燈光下，聽著時間逆敘的新聞錄音，回想這些年來一直走過的路，回到「沒有三高時的自己」。之後筆者先請組員靜默數分鐘，讓他們有機會沉澱一下，隨後邀請

他們一起從牆上的懷舊相片中，回憶過去的自己，找尋那些可能被遺忘，但其實多年不變，並沒有因為「三高」的出現而失去的個人特質和價值，繼而再分享最有感覺或最深刻的事件。

阿永把自己他的「巴士」故事記錄在自己的生命影帶

　　阿永將一張舊式巴士相片從牆上拆下來，用以分享他的家庭故事。原來他過往一直負責帶弟妹坐巴士上學，那張相片使他憶起當時的家庭樂，令他明白家庭對他的重要性。他亦從中看到自己一直擁有堅持的特質和信念，而這個信念一直伴隨著他，成為他生命故事裡一個不可或缺的元素；阿慶則看到過去的事情好像回到眼前一樣，在錄音中提及的社會事件令他有所共鳴，從中找到自己追求公平和公義的價值；還有組員分享，希望在明天、幸運遇上精神病，才能成就今天的自己、要珍惜家人等的故事。

　　「時光倒流」讓大家能回顧自己生命故事中被遺忘的片段和情節，與組員分享人生中不同的喜與樂，並互相肯定自己一直堅持的信念和價值。這些情節都是他們生命故事裡的閃亮時刻，與他們所偏好的生命故事有很大的聯繫。筆者在活動中將

兩者重新連結起來，透過組員間的互相鼓勵和支持，尋回他們的自我認同，使他們更有力量打破單一問題故事線的影響，重新拾回他們偏好的故事線，建立更豐厚的生命故事。

## 影帶五　重組會員話

　　重組會員對話將人的生命視為一個「俱樂部」，將「自我認同」當成生命的「組織」，是強調他人對我們生命的付出，以及我們對自我的理解（梁瑞敬，2021；麥克‧懷特，2008）。作為生命的主人，我們有權為自己的「俱樂部」選擇合適的「會員」。可以把那些對我們有所付出，印證著我們自我認同之「會員」加入「俱樂部」；同時可以把不合乎我們偏好故事的人或東西剔出「會員」之列。透過這個過程，我們能凸顯生命中重要的角色並與之連結，找回屬於自己偏好的自我認同，不再是被動式地接受不同的「標籤」。由於時間所限，我們在這節的旅程中，只進行了重組會員對話（有關詳情，可參閱本書PART 2的〈**心魔不可消滅但可以超越**〉）的第一部分探索——透過模擬「致電」的活動來讓組員連結重要角色。

用作模擬「致電」的舊式撥輪電話

　　承接上一節影帶的活動氣氛，筆者特意找來一個舊式的撥輪電話作為媒介，讓大家「致電」給那位一直支持和肯定自己的人或物，並跟他／它作出「對話」。希望透過與「重要他人」的對話，來確認組員的個人價值和信念，以及自我認同等。其中阿貓選擇「致電」給兒子，多謝他跟自己一起經歷和面對困難。他在「致電」中回憶起兩母子曾經遇上騙徒，以致財產盡失，過著十分拮据的生活，但是沒有互相放棄，母子相依為命，最終渡過難關。筆者籍著這個「對話」，再向阿貓作出提問：

　　「為何妳跟兒子都選擇不放棄，互相支持著彼此？」
　　「當中有沒有什麼信念或價值是妳一直堅持？」

　　阿貓表示作為母親，一定會盡力照顧兒子，兒子有事，自己一定會盡能力幫助。從這個故事中，她看到自己一直堅守「母親的責任」這個信念，認同自己作為母親的重要價值。

其他組員也在活動中開展了對他具意義的「對話」，節錄如下：

- 「致電」女兒，多謝她沒有放棄自己，並帶領自己度過難關，肯定自己的堅強。
- 「致電」中心[3]，多謝中心提供一個平台給她支援，是找回自己的一個踏腳石。
- 「致電」天神，多謝祂支持自己，讓自己能有所修行，有能力協助同路人。
- 「致電」媽媽，多謝她的教導，讓自己明白做人不要忘本，要認真和誠實。
- 「致電」姐夫，多謝他一直疼愛自己比其兒子更好，教導自己做人不偏心。
- 「致電」跳舞老師，多謝她帶自己走出「隱藏」，並一直支持自己長達十年。
- 「致電」丈夫，多謝他五十年來的支持，見證自己的成長，肯定自己平和面對一切的心態。

在活動中，組員選擇了不同「重要他人」作為他們「俱樂部」的會員，並透過「對話」與他們連結。除了對「重要他人」表達謝意外，還同時為組員自己建立和肯定其自我認同。雖然時間有限，眾人未能進一步回應自己帶給「重要他人」的

---

3　組員所屬之精神健康綜合服務中心

價值，但這過程已經是一個有意義的故事發展方向，因為一些被遺忘或之前未被發掘的故事在「對話」當中出現了，讓大家能有一個機會看到自己不同的價值和信念，再一次展現他們有別於「病痛」的故事線。

## 影帶六　定義式儀式

在最後一節影帶裡，筆者參考定義式儀式其中三個階段，以及社員見證的手法（相關詳情可參閱本書PART 2的〈**腦朋友大聯盟**〉），以形象化的模式進行活動。希望組員能綜合小組旅程帶來的經驗，一起走出舊有的問題故事線，在未來開展有意義的偏好故事。

### 階段一

在過去的活動裡，組員經驗了一個認識自己的旅程，當中他們發掘了不少重要的故事情節和價值。筆者邀請他們翻閱屬於自己的「生命影帶」，回顧並與其他人分享他們的領會。他們各自也有不同的回應，節錄如下：

- 我沒有放棄自己，多謝跳舞老師與家人給我的強心針，讓我堅持。
- 朋友和家庭的支持，讓我得到真的開心，這是我希望的開心，家庭很重要。

- 無論怎樣也有人扶我一把，我的信仰將會一直支持著我，這是我的價值。
- 起初面對魔鬼，我會抗拒，但現在我控制它，不讓他作惡。
- 讓我繼續能保持慈悲，協助同路人渡過難關。
- 家人的愛與朋友的支持，是生命中不可或缺的故事。

## 階段二

　　筆者把儀式實體形象化，讓組員參與一個「穿越儀式」，協助他們確立新的生命故事正式展開。這個儀式其實是讓組員進行一個場景穿越，代表他們正式由單一「病痛」故事，穿越到豐厚多元的新生命故事裡。筆者利用活動室的間隔板，將房間分為兩部分，並留有一個空隙。之後再把七彩的紙條掛在空隙的位置，營造出一道「穿越門」，讓組員可以從中走到另一空間。而筆者就在另一空間等待大家到來，同時邀請大家一起為已到來的組員鼓掌，並與他們擊掌，見證他們進入「新的故事」。當所有人都「穿越」後，筆者再邀請他們回應各人敘說的生命故事，當中有著不同的共鳴，引發思考不同的價值，以及肯定大家的自我認同。最後大家手牽手，一起大聲說出小組的名稱「敘說「三高」健康Get, Set, Go」，為新故事「新的故事」啟航。

組員將手疊起，一起高呼「敘說「三高」健康Get,Set,Go」

**階段三**

為配合小組的實際情況，筆者以治療檔案（therapeutic document）的方式來代替階段三的操作模式，並以此作為小組旅程的終結。在階段二的活動後，筆者邀請組員在白板上隨意書寫，以作回應組員的重述，同時以檔案記錄的模式作敘事社群實踐之用，讓大家的回應也能分享與其他的同路人。相關內容節錄如下：

- 不要視放棄美食為痛苦。
- 關心身邊的人，特別是父母和家人。
- 真的愛自己，保重健康，每天要做到。
- 「三高」並不可怕，只要有信心，一定能控制它。

- 有「三高」也可以是曙光初露。
- 人生一定要經過喜怒哀樂，人只要克服這個過程，便能夠活在當下並得自由。
- 「三高」不能主宰我們，因為抉擇在我。
- 接受自己的一切善與惡、好與壞，多反思自己的心態，勇敢地改善自己對疾病的恐懼和情緒起伏。

　　一個旅程的終結並不代表故事的結束，筆者把組員留下來的「檔案」應用在往後的活動中，並成功激發其他同路人的自我反思，讓他們豐厚自己的生命故事。

## 筆者反思

### 與傳統工作小組之分別

　　以敘事實踐為主調的小組，有別於傳統自我健康管理的小組。在整個小組歷程中，筆者沒有分享健康相關的知識、沒有談及如何控制情緒、也沒有教授管理疾病的技巧、甚至沒有討論過小組主題——「三高」的成因。組員只是進入了一個旅程，逐一憶起他們早已遺忘的個人價值和特質，發掘「病痛」以外的故事線，以及尋找他們未來想要進入的生命故事。

　　這次的旅程與一般直接學習醫學知識以及健康管理技巧不同，筆者沒有協助組員實際解決或是處理健康問題，而是拆解了社會的文化脈絡，從而發掘「診斷」以外的生活經驗。這種透過轉移視野，利用更大脈絡來理解一個人的方法，是為脈絡

性理解（黃錦敦，2014）。透過脈絡性理解，組員找到與「病痛」相處的源動力，為面對情緒健康以及身體健康的困擾提供了力量，成就了未來多元的生命故事。

在敘事實踐的理念中，「人不是問題，問題才是問題。」人跟問題是有距離的，我們總有個人能力來與問題相處。只要我們的視線不再集中在單一的故事裡，而是把眼光放得更遠、更深、更廣，多元的故事線便能令問題的影響力縮減，這無疑就是「對付」它的一種方法。正如組員面對情緒與老年病的困擾，他們似乎沒辦法永遠解決這個問題。但是經過小組的旅程，他們重新認識了自己的「多元」，似乎又多了一點法子與「病痛」共存，所受的困擾亦隨之有所減少。這或許就是筆者舉辦這個小組時想看到的結果。

**去中心化但具影響力**

**我們只能假設我們總是捲入權力／知識的領域當中。**
（麥克‧懷特及大衛艾‧普頓斯，2001，頁33）

社會建構的「權力」和「真理」總是在我們身邊。作為社工，本身已經是權力的載體，我們在社區中心裡帶領小組，自然被賦予不同程度的權力。筆者要運用這些權力來進行工作是十分容易的事，因為參與活動的會員，早已認定及接受了權力的運作，他們抱著「受教」的心態到來，期望社工直接教授他們知識，指示他們應該怎樣去做。

然而，敘事實踐是要拆解權力的運作，讓個人主權（personal agency）得到充份的運用。所以筆者時刻提醒自己，要適時放下權力，避免向組員投放個人的價值觀，以做到去中心化但有影響力（de-centering but influential）的效果。在小組旅程中，重點是在不加個人意見下，引領大家分享他們的個人看法，尋找他們的在地性知識，以發掘他們的個人價值。這不是一件容易的事，但卻是有意義的。因為當筆者放下權力，不再成為小組的中心人物，組員自然擁有更多的發聲機會，再配合不同的提問，啟發他們思考一些被遺忘的情節，不同的價值、信念、希望，以至對未來的渴望便能展現出來。

　　所謂知易行難，「權力」經常會在小組發生不確定性的時候，出來引誘筆者，意圖令筆者重奪中心地位。例如在影帶五的活動中，車車「致電」給重要他人的時候，其內容好像偏離了主題。他起初分享自己近日所遇到不公平的事，隨後開始加以投訴別人的處理方式，並且滔滔不絕，沒有停下來的打算。時間一分一秒的流逝，筆者額上的汗水也一點一點滴下來。那時那刻，筆者曾想過運用權力直接中止他的分享，並把他帶回「正軌」。但這種擁抱權力的處理方法，跟敘事實踐的理念確實有所違背，或許會破壞了整個小組去中心化的氣氛，也有機會扼殺了組員主體性的聲音。

　　最後，筆者透過雙重聆聽，發現車車雖然一直在說別人怎樣待他不好，但其實他一直在說自己如何從這些困難中「求存」。於是筆者嘗試以社員見證的方式，邀請其他人回應他的

分享，試圖打破這個「離題」的困局。大家的回應除了把他帶回當下，也發掘了他的堅強、誠實和坦白。而他也回應自己是很率直的人，一直希望將愛心傳給他人。這個安排或許不是最理想的做法，但這種去中心化的安排，也讓人可以展現自己的心聲，找到自我價值，也是筆者所樂見。

## 筆者感受

筆者最初決定以敘事實踐的方式來回應會員「三高」的問題，確實是一種挑戰。因為健康相關指數是根據科學來制定的醫學指標，是確實的數值。如果不談「管理」和「控制」，又如何可以改善健康指數，達到身體健康？怎樣才可以從個人價值的層面來應對醫學層面的事情？隨著小組旅程的發展，筆者慢慢找到當中的答案，並將挑戰轉化為動力。

然而，如果小組只以「敘說故事」的方式來進行，會令人感到十分沉悶。所以筆者在每節活動中，也加入不少的形象化的物件或工具，如遊戲卡、角色扮演的道具、相片、懷舊電話、以及進入新故事的那度「大門」等，期望這些東西能增加趣味性，讓組員更投入小組旅程中。

在敘事實踐中，大家會發現很多不同的方法或技巧可作運用。如不同的地圖、外化對話、重組會員對話、定義式儀式、搭建鷹架、生命樹、治療檔案等等。其實這些方法或技巧都只是一個框架，在實際情況裡，我們不會也不能跟著一個次序或

步驟去完成這個框架的工作。否則我們只是盲目跟從指引，以解決問題的方向來進行工作，失去了敘事實踐理念中的重要價值。

**聆聽故事，絕不是頭腦的運作，這是用整個生命去接住生命的。**

（周志建，2013，頁150）

筆者認為工作技巧在某程度上都是次要，真正最重要的，是我們內心要相信每個人的個人價值和能力，放下自己既有的價值觀、接納、尊重和理解別人獨特的生命故事，以生命感染生命。

**沒有唯一的真理，做回偏好的自己。**

（周志建，2012，頁106）

筆者十分喜歡周老師的這兩句話，正好體驗敘事實踐的精神，讓自己以及別人也能做回偏好的自己。

## 參考文獻

丁惠芳主編（2019）。**敘動人時光**。明愛全樂軒，太陽島教育基金。

艾莉絲‧摩根（2008）。**從故事到療癒：敘事治療入門**。陳阿月譯。心靈工坊。

周志建（2012）。**故事的療癒力量：敘事、隱喻、自由書寫**。心靈工坊。

周志建（2013）。**故事的療癒力量**。心靈工坊。

香港特別行政區衛生署（2020）。**活出安康樂耆年-長者精神健康手冊**。香港特別行政區衛生署長者健康服務。https://www.elderly.gov.hk/ebook_mental_health/mobile/index.html

梁瑞敬（2021）。生命的連結：重組會員對話。秦安琪、曹爽、梁瑞敬、黃綺薇及葛思恆合著，**重新詮釋人生風景：用敘事治療改寫命運，為生活找到解方**，頁170-199。張老師文化出版社。

麥克・懷特（2008）。**敘事治療的工作地圖**。黃孟嬌譯。張老師文化。

麥克・懷特及大衛艾・普頓斯（2001）。**故事、知識、權力：敘事治療的力量**。廖世德譯。心靈工坊文化。

黃錦敦（2014）。**生命才是最值得去的地方：敘事治療與旅行的相遇**。張老師文化。

Anthony, W. A.（1993）. Recovery from mental illness: The guiding vision of the mental health service system in the 1990s. *Psychosocial Rehabilitation Journal*, 16（4）, 11–23. https://doi.org/10.1037/h0095655

# 看得見的情緒：敘事實踐應用於受抑鬱情緒困擾的長者

循道衛理楊震社會服務處

　　循道衛理楊震社會服務處自2009年開始應用敘事實踐於長者服務，曾推行不同社群實踐計劃，如：運用重寫對話（Re-authoring Conversation）發掘長者重視的人生價值及盼望，建構長者的「嘉存之寶」，並以社群見證會形式推行「力量的承傳」、「忘記的約會」向社區分享。另外，社工曾運用生命樹（Tree of Life）、珍味生命（Recipe of Life）隱喻推行小組予受抑鬱情緒／痛症困擾的長者。在2021年更以配合香港長者文化的隱喻推行長者小組，如：茶看人生（ Tea of Life），人生遊樂場（Playground of Life）。是次文章分享由註冊社工麥麗娥整合服務處內四位註冊社工——陳情文、林清澄、程俏雯、廖淑娟的經驗而撰寫。

　　2020年60歲以上長者自殺死亡數字為438，佔整體死亡數字四成三，較2018年增加4.8%，數字創自1973年有紀錄以來最高。有抑鬱症徵狀的長者自殺風險是其他長者的兩倍以上（註1）。香港衛生署數字顯示，每100名成年人中有3名有抑鬱

症，當中一半人並無尋求協助。2015年，每日就有超過2人死於自殺，當中不少是抑鬱症患者。長者遇有抑鬱症數字就更加嚴重，每10名長者就有1位有抑鬱症徵狀（註2）。反映香港不少長者受抑鬱症的困擾。

面對長者抑鬱症，社工在進行輔導介入之前，需要先排除長者因身體的問題而出現的情緒困擾，如有需要，可先轉介醫療跟進。老人抑鬱短量表（GDS-15）——廣東話口語化版本（註3）是目前香港社工較常用以評估長者抑鬱症徵狀的工具之一，這個工具能於短時間內有效識別有抑鬱傾向高危的長者以便進一步介入，量表傾向以發掘徵狀的角度而提問，往往把焦點放在建構長者充斥問題的身份，增加了長者充滿孤獨感、失落的故事和身分。

## 建構外化對話（externalizing conversation）的場境

當我們初期接觸受抑鬱症困擾的長者，可以此短量表作為對話的開始，但並非只停止於取得短量表分數。我們藉著運用短量表當中的提問，引導長者分享他們的困擾經歷，連結長者面對的缺失，嘗試開展外化對話，在聆聽問題故事時，把「問題」以擬人化的形式或「物化」形式呈現。

長者：我整天也沒什麼心情，希望前往市場買菜也做不到。
社工：這個「沒什麼心情」，似乎頗影響你生活的動力，甚至限制了你的外出。

長者：我也沒什麼頭緒，總是提不起勁，終日什麼都不想做。

社工：這個「沒什麼心情」還有叫你不要做什麼嗎？

長者：我以往每天也會去晨運，內心知道要出去走走，但是想到要外出便感到害怕。

社工：這個「沒什麼心情」似乎令你沒有心思，甚至要你不要外出晨運。「它」還要你不要做什麼？

長者：「沒什麼心情」一出現我便什麼也做不到，有時飯也不想煮。我知道不可以這樣，但是我整個人好像完全不同了！好像已經不是以前的自己。

社工：似乎「沒什麼心情」的出現令到你什麼也不想做，飯食也不想預備。甚至影響到你改變了以往的生活模式！

長者：「沒什麼心情」一來，我便會很悶，很煩！

社工：「沒什麼心情」何時開始令到你這樣煩悶？

長者：我也不知道，但是「沒什麼心情」令我很討厭自己，老來那麼「笨手笨腳」，真是很負累。


　　社工如能夠有耐性及細心聆聽長者的用語，從而刻意留意長者的用字選擇並把這些問題「擬人化」地作出提問及回應，以帶動長者熟悉這種外化對話方式，均有機會讓長者習慣逐步把人及問題分開。同時，社工宜多與長者就著生活困擾「游盪」（loitering），才邀請長者命名（naming）。如果一聽到問題，便立刻邀請長者命名，長者只會回答你不知道、我不懂，反而增加了無助感。

## 重建與「問題」的關係及距離感

　　同時，很多時社工不忍心長者停留在傷心、難過的境況，希望可以盡快讓長者找到情境外的事件，從而進入重寫對話（re-authoring conversation），讓長者重新獲得力量。如上述對話片段，「*沒什麼心情*」*一出現我便什麼也做不到……我知道不可以這樣……好像已經不是以前的自己。我知道不可以這樣……*這句話給了很大的誘惑，令社工很想運用這一點發掘「例外事件」並進入重寫對話。但若如此，那麼長者的情緒仍未疏理，長者的個人主權（personal agency）仍未重現。若影響長者的抑鬱情緒在社工的引導下在當次面談中被「壓下」，不久後這個抑鬱情緒或許又會再次出現。所以我們會先記下長者的說法，若長者日後再提出，便可以以問句形式協助長者把不同的片段連結起來。

　　從接觸的經驗中發現，部分長者未必習慣在外化對話中回應問題性質（exploration of the problem nature）的提問。但是長者在「追蹤問題歷史」（tracing the history of problem）及「了解問題的影響」（exploring the effects of problem）則普遍較容易理解及表達。當進行下述提問引發的對話，除了可讓長者逐步建立和「問題」的距離感，也能讓社工了解長者受問題影響的程度。

**「追蹤問題歷史」的提問例句：**
1. 何時開始發現「沒什麼心情」在你生活出現？

2. 「沒什麼心情」未出現之前，你的生活是怎樣的？
3. 你看到「沒什麼心情」何時對你的影響力最大？何時對你的影響力最小？

**「了解問題的影響」的提問例句：**

1. 這個「沒什麼心情」有沒有影響你做阿嬤？如何影響？
2. 「沒什麼心情」有沒有影響你如何與女兒的相處？
3. 「沒什麼心情」讓你和鄰居／家人的關係變得親近了還是變得疏遠了？
4. 這個「沒什麼心情」如何影響你的能力？讓你做事變得更容易或是更難？
5. 「沒什麼心情」減少了你和孫兒見面的次數，這些影響是否你想見到的？
6. 「沒什麼心情」令你現在很害怕外出，那以前的你又是什麼樣的呢？
7. 這些影響對你而言，是好事或壞事？你喜歡有這些影響嗎？

　　另外，當長者正受情緒影響，即時的需要或許未必只是對話。反之，社工能夠提供生活實務的照顧支援，例如安排到府的餐食、複診的陪伴，能讓長者感到社工對他的需要有所重視及了解。若長者未能全然以對話表達情緒及分享，社工亦可考慮透過與長者一起「行動」，例如陪伴在家望向窗外風景、一同外出散步、一同處理家中植物等，在帶動長者的能量改變後才慢慢引入對話。

## 關注「堡壘心態」（Fortress Mentality）

Michael White 表示進行外化對話時，需要對過程出現「堡壘心態」保持警覺，避免令當事人認為在與問題戰鬥，減低二分化的局面（輸或贏）。「將焦點單一地放在戰鬥隱喻，會很容易陷入我先前提到的危機，形成堡壘心態，增加受傷的體驗，長久下來會出現疲累感，個人的力量也會不斷減少。」（麥克‧懷特，2008，頁34）因為若當事人再度受問題困擾或出現嚴重影響時，會進一步令他有失敗無能的感受。反之，令當事人能夠客觀分析問題的特性，能夠和問題「保持距離」對加強長者的個人主權更有意義。

筆者早年進行敘事實踐時，就常與長者用「心魔」來命名抑鬱症，而在外化對話中「了解問題的影響」也會討論如何打敗心魔。初時長者會因得到鼓勵而有一鼓作氣的效果，然而當事情並非順利改變，失敗的感受就會加深，並且出現再次傷害的感受。所以在外化對話時會特別留意隱喻的特性及影響。

## 重寫對話的啟動

老人抑鬱短量表作為評估工具的價值是被肯定的，然而在輔導的經驗中發現，當使用這個工具時，許多長者會越問越「抑鬱」。我們希望與長者對談當中，除了這個工具之外，能夠多一個可用以建構長者多元身分角色的方式。所以參考 David Denborough 的 Checklists of psychological and social resistance的做法（Denborough, 2008），並建基於老人抑鬱短量表（15條廣東話版本），創作出一份「長者心理抗逆力的清單」（Check List of Geriatric Psychological Resistance），我們運用這份清單作為與受抑鬱症困擾的長者的對談大綱，發掘長者例外事件。為了讓長者更容易明白，每條問句也多設1～2個問句方式供社工選擇提問。配合香港長者的需要，亦設有廣東話版本（註4）。

　　這個清單並不是一個評估工具，沒有進行任何驗證，亦不是意圖標準化長者的抗逆力評估，反之希望可以保留空間，讓社工隨著這個方向，發掘長者生活中的例外事件，啟動重寫對話的可能性。社工不用強行完成所有項目，只要是長者選擇希望可以分享多些的生活經驗，便可在那裡停下來並開始重寫對話。啟動重寫對話中兩個十分重要的方向進行發掘：行動景觀（landscape of action）及自我認同景觀（landscape of identity）。

## 長者心理抗逆力清單

姓名：＿＿＿＿＿＿　　　性別／年齡：＿＿＿＿＿＿
記錄日期：＿＿＿＿＿＿　　對話人員：＿＿＿＿＿＿
　　以下的問題是人們對一些事物的經驗，答案是沒有對與不對。請想一想，在過去兩星期內，你是否有以下的經驗。如有的話，請表示「是」，若沒有的話，請表示「否」。
　　對話人員亦會把當中的片段、經歷作記錄。

| | 提問 | 回應 | 經歷 |
|---|---|---|---|
| 1 | ・在過去兩星期你滿意自己的生活？<br>・在哪方面的生活較為滿意？ | 是　否 | |
| 2 | ・在過去兩星期，你曾做一些以往喜歡而現在仍有繼續做的事情？（包括任何興趣、嗜好）<br>・那些是什麼事情？ | 是　否 | |
| 3 | ・在過去兩星期，是否有很多事務你要處理？<br>・你是否找到一些方法消磨時間？那會是什麼方法？<br>・什麼時候會讓你感到充實？ | 是　否 | |
| 4 | ・在過去兩星期，你有沒有一些平靜時間？<br>・什麼時間最平靜？ | 是　否 | |
| 5 | ・在過去兩星期，你是否經常有好心情？<br>・在過去兩星期，讓你有開心的心情多一些嗎？什麼時候開心會多一些？ | 是　否 | |
| 6 | ・在過去兩星期，你有沒有嘗試安慰自己？<br>・在過去兩星期，你有沒有嘗試為擔心的事情，安慰自己？<br>・你如何安慰自己？ | 是　否 | |
| 7 | ・在過去兩星期，在有需要時你會鼓勵自己？<br>・你曾做什麼事情令自己開心？<br>・有沒有經歷什麼事件令自己感到開心？ | 是　否 | |
| 8 | ・在過去兩星期，有沒有讓你覺得只要我不放棄，仍然有機會改變？<br>・在過去兩星期，有沒有讓你覺得只要我願意，總會有辦法？ | 是　否 | |
| 9. | ・在過去兩星期，如果有機會，你會否希望可以外出散步或外出做些對你來說有新意的事情？<br>・如果有機會，你想做什麼事？想見什麼人？ | 是　否 | |

| | 提問 | 回應 | 經歷 |
|---|---|---|---|
| 10 | • 在過去兩星期，你現有的記憶力沒有太大變化？<br>• 在過去兩星期，你現有的記性都可以應付到生活？ | 是　否 | |
| 11 | • 在過去兩星期，你體會能夠活到今天已經很好。<br>• 在過去兩星期，你有沒有體會能夠做人做到這個時間是很有意思的？在哪一方面最有意思？ | 是　否 | |
| 12 | • 在過去兩星期，有什麼時候看到自己頗有辦法？<br>• 有什麼人／動物／物件最信任你？他們最信任你的是什麼？他們在哪方面最依你？ | 是　否 | |
| 13 | • 在過去兩星期，你覺得自己仍然是有精神的？<br>• 在過去兩星期，有哪些時候你最精力充沛？ | 是　否 | |
| 14 | • 在過去兩星期，你希望自己可以能有哪些改變？希望改變的是什麼？<br>• 在過去兩星期，你有沒有想過「如果可以這樣……那便好了」？ | 是　否 | |
| 15 | • 在過去兩星期，你經驗的狀況尚算是「比上不足，比下有餘」？有餘的是什麼？ | 是　否 | |

　　社工運用「長者心理抗逆力清單」與長者一起發掘的生活事件、經歷，配合下述的提問，逐步建構另類故事。

常用的行動景觀問題例子：

1. 這個嗜好是何時開始？
2. 誰會和你一起進行這個嗜好？
3. 你會做……令自己開心一點，是如何進行的？可以分享多一

點嗎？

4. 當你每天在大樓大廳閒坐時，你會看到什麼？
5. 你之前有沒有試過經歷這些……（困境的名字）或是首次？面對……你如何處理？
6. 在你那個年代，一個人是如何逐步做到……？誰教你的？

常用的自我認同景觀問題例子：

1. 你一個人離開家鄉，希望渡過怎樣的人生？（期盼）
2. 你希望和子女保持怎樣的關係？（價值）
3. 下班後，你雖然已經很疲倦，仍然協助鄰居照顧小孩，鄰居關係對你有什麼意義？（人際關係價值）
4. 雖然身體有病痛，你仍然保持家居整潔，你是如何做到的？（知識／技能）
5. 你在就醫期間，內心雖然有痛苦，但是你仍按照醫生的建議，反映這什麼對你是重要？（信念）
6. 作為爺爺，你想告訴孫兒你重視什麼？（個人素質）

## 意圖性理解與內在特質性理解

在重寫對話過程中，要發展多元主題，不單要令長者表達出「內在特質性理解」（internal state understanding），能夠喚醒「意圖性理解」（intentional state understanding）也是十分重要。如前所述，社工往往很希望可以快點改善長者的情緒狀況，所以當聽到疑似「正向想法／正面價值觀」時，如樂觀、

努力、堅忍等，便期望快快歸入「意圖性理解」。然而，這些只是進入「內在特質性理解」，對故事的擴展性仍有局限，不足以加強另類身分建構的承托力。

有時社工會聽到「我現在已經很老，已經不再年輕，又沒有氣力，我再沒有那份勇氣，我已經沒用了。」、「街坊鄰居都對我很好、很關心我，是因為他們是好人、可憐我。」這些回應均反映長者尚在困境當中，曾經出現的疑似「正向想法／正面價值觀」未能足以協助長者跨過困擾。所以社工需要了解更多故事情節細項，整理及連結可引發出多元身份的事件，進深了解各事件的意圖、背後意願、動機，陪伴長者依他的人生目標而搭建「鷹架」（scaffolding），令各事件的連貫性及身分特質可以再明顯些，才有助長者發掘自己認為重要及有所認同的身分建構，否則只是社工自說自話。

## 應用重寫對話於長者的案例

當事人背景：

　　陳女士，82歲，獨居於香港的公共房屋，患有血壓高、風濕關節炎、抑鬱症及焦慮症，雖然受長期痛症的困擾，但仍能保持自理及行動自如。陳女士的丈夫3年前入住安老院，他們育有五名子女，均已經結婚及搬離。陳女士的生活支出依靠政府經濟援助，她患有抑鬱症6年，曾入住精神科醫院，要定期複診精神科，社區精神科護理師也會定期去探訪，過去有自殺念頭並未有具體計畫。陳女士於夜間經常致電子女表述自己對

夜間的驚恐，讓子女感到困擾。陳女士表示被子女「威脅」入住安老院，否則不再理會她，讓她感到十分痛苦。

在接觸陳女士的初期，她的表述只有不幸的經歷，包括年輕時被母親強迫下嫁一個自己不喜歡的人。婚後丈夫對家庭、子女全不理會，只有她獨力工作養大五個子女。她本來想老來從子，可是沒有子女願意與她同住及供養她，使她必須申請政府經濟援助，這令她感到十分羞恥，漸漸地身體病痛增加，眼疾的困擾令她終日鬱鬱寡歡。當醫生診斷她有抑鬱症需要複診精神科時，她十分抗拒及害怕別人知道自己有精神病。她自言自己是一個「苦命」的人，並形容自己一生只有「痛苦的故事」（見圖一）。雖然這個「單薄」的身分令抑鬱情緒一直牢牢地影響著陳女士，但是她對精神科的拒絕、抑鬱症的抗拒，卻又令社工感覺到陳女士似乎有一絲絲的「抵抗」氣息。

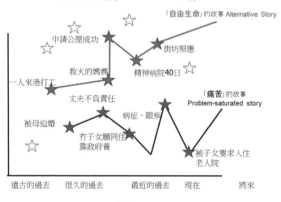

圖一

### 遙遠的經歷：救火的媽媽

　　社工一方面嘗試想像陳女士經驗困境的同時，也抱著好奇她對抑鬱症的抗拒，探討「抑鬱」對她的影響，她表示「抑鬱」令自己和子女更疏離，因為「抑鬱」，她每次和子女的相處都充滿淚水。她描述子女這樣離棄自己對她「不公平」，社工於是好奇陳女士對公平的理解及當中的經驗。陳女士便開始述說曾經歷住處火災，她如何奮不顧身救出五名子女，及後為免子女再面對因為分租屋環境危險，自己如何成功申請政府房屋。當陳女士分享那次經歷時，她的眼睛變得炯炯有神，這個轉變亦開啟了重啟對話，令多元生命故事主題逐步呈現。

　　社工先仔細了解事件內（救火的媽媽及成功申請政府房屋）行動景觀的各種情節、時間、人物等。同時，透過下述提問，發掘陳女士在自我認同景觀內的：1. 領悟、學習、知識（knowledge）；2. 內在特質性理解；3. 一致性的價值（accord value of）；4. 意圖性理解（麥克‧懷特，2008）。這個對話亦發展出陳女士第一個例外故事的推動座右銘——「試試無妨」（見圖二）。

自我認同景觀提問：
‧你連性命也不顧返回火場救火，反映你生命中重視什麼？
‧保護子女對你來說，代表你持守什麼價值觀？
‧這個價值觀代表你有什麼信念？
‧你表示自己無機會讀書、不識字，當年申請政府房屋又要辦

很多手續，你仍然做足準備，你認為這件事和你未來的生活計劃有什麼關聯？

- 一個人要照顧子女又要上班，仍然要做這麼多準備工作，可能代表你追求什麼？

　　陳女士表示自己持有「試試無妨」的心態，一直推動自己不恥下問，所以陳女士的身邊曾出現不少的街坊鄰居協助她照顧子女、指導她如何申請政府房屋。陳女士表示自己一直和街坊感情很好，雖然目前自己獨居，但是當她做白內障手術後或身體疼痛不適時，也有不同鄰居照應自己三餐及陪伴複診。社工按照上述的提問方向，配合這個事件各個片段，呈現出陳女士有著善談的能力技巧，持守為人處世必須「心善」、「不計較」，深信待人「老實」的價值觀和關心別人的為人宗旨（見圖二）。

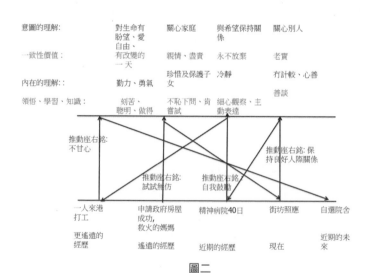

圖二

## 現在：街坊鄰居的照應

陳女士表述自己相信「保持良好的人際關係」是第二個推動座右銘之時候，社工見證陳女士的自我身份有更強烈的形態，她的用字變得有力。社工希望陳女士初現的另類身份更扎實並且引發出更多其他相關事件，延展意圖性理解的空間。遂透過下述提問：

- 陳女士，你十分珍惜及重視子女及街坊，你認為關心人是重要的。**這些年來有沒有其他事件也有反映相似情況？**
- 在以往的日子，**還有沒有發生其他事件，也可以告訴我**，你是多麼的珍惜和人相處？
- 你表示對人要盡責、老實，做事要不計較、肯嘗試，你**還可以告訴我有什麼事件能夠表達這些對你來說是重要的特質嗎？**

長者時常基於禮貌而十分謙讓自己偏好的特質，如陳女士在開始時只表示自己非常幸運能遇到貴人幫助才可以度過困境。社工便編輯之前的例外事件，令陳女士再一次重返各階段的境況，再一次確定自己在不同的時空也同樣會有這些意圖，而且是一致的。

## 近期的經歷：精神病院40日

透過延展提問，陳女士分享她因為失眠多天及有自殺想法

而被醫生安排入住精神科醫院的事件。她述說自己入住初期內心十分恐懼且終日哭泣，醫院環境及同房的病人都讓她感到很不自在。在她入住醫院的第六個晚上，她開始意識到自己不可以再這樣下去，她決定要鼓勵自己冷靜面對並開始留意病房內的情況。她觀察到醫護人員的辛勞，而入住的病人各個年齡層都有，有些更像其子女的年齡，令她感到十分可惜。陳女士表示她努力讓醫生相信自己不會自殺，希望可以盡快離開醫院。

當例外事件再度出現，社工需要提供足夠的時間、空間予長者述說行動景觀的內容，好奇當中的細節。仔細提問及了解，不單可讓長者在這些例外故事中的「我」更明顯，同時也希望能引發長者繼續分享其他連結這個例外事件的事情。

延展行動景觀提問：
- 你在哪時開始留意到醫護人員？你見到什麼？你聽到什麼？
- 當時你身邊有什麼人？他們在做什麼？
- 讓醫生相信自己不會自殺，你如何做到這個決定？有沒有其他人和你商量？
- 你提及鼓勵自己要冷靜，你如何讓自己準備好？（了解較近期事件）
- 對人的細心觀察，要如何做到？你之前有沒有試過？（了解這些特質出現的脈絡）
- 「不會輕易放棄，有恆心」為你來說是第一次的做法，或是一直以來也是這樣做？可以講多一點給我聽嗎？（了解這些特質的出現的脈絡）

## 更遙遠的經歷：一人來香港工作

當陳女士逐步分享：

- 她如何協助行動不便的同房，就如同她「現在」時常關照街坊鄰居，持續待人心善，關心別人的重要信念。
- 她如何多次練習向醫生表示自己的清醒，就如同她在「遙遠的經歷」的時期，抱持「永不放棄」的生活信念／價值，令她持續地往不同的地方查詢及申請政府房屋。兩個時空的事件便產生了連結。
- 她在不理想的醫院環境的生存之道，令陳女士回想起一個「更遙遠的事件」——年青時一個人來香港工作的經歷，憑着第四個推動座右銘「不甘心」促使自己離開鄉間，為着自由及盼望有改變的一天，建構自由生命的故事。

　　漸漸地，陳女士已經能夠主動把有相關價值信念的事件重新回想並建構起來，多元的身分特質透過言語的表述更立體地充滿陳女士的生活空間，社工便進而邀請她試著運用這些身份特質來協助處理現在或將來的生活挑戰，希望能夠成為陳女士日後生活的動力資源。延展身分特質資源提問包括：

- 這個「愛自由」的生活原則會如何影響你的將來？
- 由現在開始，「有改變的一天」價值觀如何影響你與子女的相處？

## 近期的未來：自選院舍

社工認識陳女士由開啟個案至結束，前後經歷三年時間，當中除了面談亦有運用生命樹（Tree of Life）及珍味生命（Recipe of Life）的社群實踐，邀請陳女士參加特意為有抑鬱情緒的長者婦女開設的小組，詳見**敘事實踐應用於長者婦女**（麥麗娥，2018），希望進一步為長者搭建一個展現多元身份於現實生活的機會。

當陳女士多樣的身分出現，抑鬱便不再成為單一佔據陳女士的情緒。陳女士最後決定入住安養院，由於這些身分特質已經更實在地站在陳女士的生活當中，大大增加陳女士的個人主權，陳女士覺得自己不再是被動地接受子女的安排，反之在選擇安養院上積極參與及表達自己的要求，為自己的生活展現主導的能力。

## 結語

曾聽到不少提問均表示長者的思想那麼牢固，如何產生改變？如何出現啟發？誠言，長者那麼多年歲的經歷，確實並不容易整理；而且長者在分享不同的事件亦不習慣有太多的整理，有時也會令社工感到迷失。所以，筆者喜歡在長者面前記下重點，透過字詞、連線、圖象、符號等和長者一同組織其生命歷程。文字的記錄，均有助長者更真實地看見自己的特質。

另外，我們相信社工的責任及角色並不是要改變長者。反之，社工就像是和長者一起製作舞台劇。首先進行舞台設計工程，透過敘事實踐找回從前曾經出現過的背幕佈景板，讓長者再次站上不同時空中他所熟悉及喜好的、但遺忘已久的舞台。當他能夠再次踏上這個舞台，長者可以再次穿上那身服飾，或許較容易找回他從前曾經熟悉的文本、氣質。長者再次配上這些特質，便能夠有更多的資源繼續應對他們生活的挑戰。

長者遇到的孤獨、無言、失神，均不是「老化」必經階段。當社會普遍認為長者有居所，有飯食，又不用上班，理應安享晚福，為何總是自尋煩惱？作為社工更需要覺醒這些論述的影響，讓長者的故事被聆聽，讓長者經驗的情緒被看見。

註1 https://www.hk01.com/社會新聞/657676/去年長者自殺死亡484宗-創47年新高-撒瑪利亞會-伯伯易感孤獨

註2 https://www.hk01.com/社會新聞/82868/衛生署數據-10個長者1個抑鬱-3成自殺個案為長者

註3 老人抑鬱短量表（GDS-15）– 廣東話口語化版本
https://www.fhb.gov.hk/pho/rfs/tc_chi/pdf_viewer.html?file=download185&title=string220&titletext=string189&htmltext=string189&resources=13_Module_on_Health_Assessment_Older_adults_annex7

## 註4 長者心理抗逆力清單（廣東話版本）

| | 提問 | 回應 | 經歷 |
|---|---|---|---|
| 1 | • 在上兩個禮拜裡面，你滿意自己嘅生活？<br>• 哪方面的生活較為滿意？ | 是　否 | |
| 2 | • 喺上兩個禮拜裡面，你有繼續做一啲你以往鍾意做而家都有繼續做緊嘅嘢（包括任何興趣？嗜好？）<br>• 嗰啲係乜嘢嚟？ | 是　否 | |
| 3 | • 喺過去兩個禮拜裡面，你係咪有好多嘢要做？<br>• 你係咪總找到一些方法打發時間？嗰啲係乜嘢方法？<br>• 邊啲時候會令你感到個人好充實？ | 是　否 | |
| 4 | • 喺上兩個禮拜裡面，你有無一啲平靜時間？<br>• 乜嘢時候最平靜？ | 是　否 | |
| 5 | • 你上兩個禮拜係咪成日都有好心情？<br>• 你上兩個禮拜，邊啲時候開心會多啲？ | 是　否 | |
| 6 | • 喺上兩個禮拜裡面，你有試過安慰自己嗎？<br>• 喺上兩個禮拜裡面，你有試過為擔心的事情安慰自己？<br>• 你點樣安慰自己？ | 是　否 | |
| 7 | • 喺上兩個禮拜裡面，在有需要時你會氹下自己？<br>• 你做過乜嘢令自己開心？遇過乜嘢事感到開心？ | 是　否 | |
| 8 | • 喺上兩個禮拜裡面，有無令你覺得只要我不放棄，仍然有機會改變？<br>• 喺上兩個禮拜裡面，有無讓你覺得只要我願意，總會有辦法？ | 是　否 | |
| 9. | • 喺上兩個禮拜裡面，如果有機會，你係咪寧願出去行吓或 出去做啲對你嚟講有新意嘅事？<br>• 如果有機會，你想做啲乜嘢？去邊到？見乜嘢人？ | 是　否 | |

| | 提問 | 回應 | 經歷 |
|---|---|---|---|
| 10 | ・喺上兩個禮拜裡面，你現有的記性無乜變化定係差不多？<br>・喺上兩個禮拜裡面，你現有的記性都可以應付到生活？ | 是　否 | |
| 11 | ・喺上兩個禮拜裡面，你有無體會能夠活到今天也算唔錯。<br>・喺上兩個禮拜裡面，你有體會能夠做人做到這刻真係好有意思？邊方面最有意思？ | 是　否 | |
| 12 | ・喺上兩個禮拜裡面，有些時候都覺得自己幾有「計仔」？<br>・有無邊個人／動物／事件最信任你？信任乜嘢？佢哋最依賴你乜嘢？ | 是　否 | |
| 13 | ・喺上兩個禮拜裡面，你經驗自己都算有精神？<br>・喺上兩個禮拜裡面，有無邊啲時候你最精力充沛？ | 是　否 | |
| 14 | ・喺上兩個禮拜裡面，你希望過可以改變一下？<br>・喺上兩個禮拜裡面，你有無想過「如果可以這樣……就好了」？ | 是　否 | |
| 15 | ・喺上兩個禮拜裡面，你經驗的狀況可以算係「比上不足，比下有餘」？ | 是　否 | |

## 參考文獻

麥克・懷特（2008）。**敘事治療的工作地圖**。黃孟嬌譯。張老師文化。

麥麗娥（2018）。敘事實踐應用於長者婦女小組。洪雪蓮，周德慧，謝杰雄，陳健權，施少鳳，鍾威文，郭艷梅合著。

**敘事實踐旅圖：當我們繪出敘事實踐之圖**。香港浸會大學青年研究實踐中心。

Denborough, D.（2008）. *Collective narrative practice: Responding to individuals, groups, and communities who have experienced trauma.* Dulwich Centre Publications.

Morgan, A.（2000）. *What is narrative therapy? An easy-to-read introduction.*, Dulwich Centre Publications

White, M.（1997）. *Narratives of therapists' lives.* Dulwich Centre Publications.

White, M.（2007）. *Map of narrative practice.* W.W. Norton.

White M.（2011）. *Narrative practice: Continuing the conversations.* W. W. Norton.

White, M. & Epston, D.（1990）. *Narrative means to therapeutic ends.* W.W.Norton.

# 與護老者同行——照顧與被照顧的經驗的生命歷程

梁曉邦

　　過去十數年間隨著人口老化，社會和大眾開始關注衍生的問題，包括長者健康帶來的醫療需求、獨居長者遇到的各種情緒和精神困擾等，各地政府也為長者得到適切的照顧而推行不同的政策及提供多元的長者服務；而為了減低龐大的長者院宿照顧支出，以及讓長者在熟悉的環境安度晚年，社區照顧是其中一個實踐可能性較高的方案。

　　當大家都在表揚社區照顧的好，也為多元的長者服務快速發展感到欣喜之際，近年有愈來愈多與長者同住的家人照顧者，因為種種照顧原因而出現情緒問題。最近便有一則令人傷心的新聞報導：2022年底，香港發生一宗弒父後自殺的慘案，案中一名中年男子疑似獨力照顧長期臥床的八旬老父，最終不堪壓力釀成悲劇。本次事件中，該男子因弟弟移民國外，獨自擔起照顧年邁父親的重責，亦因照顧壓力而受到精神困擾，於是用水果刀刺向臥床老父，而後於屋內淋松節水點火，再取另一把刀自戕，據檢方表示，該男子胸口有約1.5厘米深的傷口，

疑當時火勢猛烈，他不知所措，走入洗手間的浴缸浸水，最終吸入濃煙昏迷，送院不治。

以上情節讓人心酸，但在社會中的確存在不少家庭正在面對護老者照顧困難，受到照顧壓力的長期影響而成為「不定時炸彈」。

筆者過去十多年從事各種長者社區工作，從個人層面至社區層面亦有所攝獵。每次在進行各種社會工作活動時，都會回想起十多年前社會工作實習時面對的一段經歷……

當時我面對的一對是居於板間房的夫婦──即由木板隔間的廉價房屋，需要與他人共用廚房與衛浴設備。兩夫婦均超過60歲，沒有子女，雙方多年來皆從事清潔工作，每月約賺取二萬多港幣以應付經濟開支。當時的社區工作以協助二人的生活支援為主，如提供定時的探訪物資援助、面對生活壓力的輔導工作等，以及參與倡議「十八區交通津貼」政策層面的工作。筆者在服務他們的過程中不斷反思一個問題，案主每天經歷相同的情況，物質的支援或許能夠解決短暫的生活所需，但政策的改變往往需要數年以至10年以上的倡議才會有所改變，在此之前是否有其他途徑或轉變，讓案主的生命得以轉化呢？

直至在數年後接觸到敘事理念，便展開了漫長的敘事實踐歷程。敘事實踐與社區工作有著千絲萬縷的關係，敘事背後所探討的權力運用與個人價值的體現，與社區工作常常提到的

「充權」有相近的意義。敘事理念強調個人與社區的相互影響，讓我們的實踐需要思考更多社會論述對個人生活及價值的影響。

在本文中，筆者嘗試分享敘事實踐中另一個鮮少被探討的領域——護老者服務，讓讀者了解如何運用更多敘事理念於長者社區服務之中。同時反思筆者在大多以小組形式應用於社區工作的實踐過程中，怎樣呈現組員的能力與價值。更重要的是，組員在經歷敘事歷程後，對社會論述中「護老者」的角色及責任是否有更多的體會，能否從「受問題影響」轉化為「問題的最佳解決者」。

## 香港的「護老者」服務支援

在香港出現各項護老者支援政策前，社會上對「護老者」或「家庭照顧者」一詞仍未有廣泛的討論與理解，社福界一般以「護老者」統稱為體弱、身體機能或心智有缺損、患有慢性疾病的長者提供照顧的人。隨著政策轉變，市民開始討論長者照顧責任的相關議題。當時，香港房屋政策的公共房屋申請（下稱公屋）推出「天倫樂」優先配屋計畫。該計劃讓「兩代家庭可以選擇共住或就近分開居住，方便互相照顧，以促進家庭和諧共融，減少獨居長者的問題。」[1]有關政策讓一般核心家

---

1　黃大仙區議會2009年3月文件：https://www.districtcouncils.gov.hk/archive/wts_d/chinese/doc%202008-2011/C_M9_2009_015.pdf

庭在申請公屋時，如加入上一代長者，即以三代人（父母、夫妻、子女）一同申請公屋，可獲得較優先的編配，並可獲得較大或相鄰的公屋單位。

在「天倫樂」的政策下，我們可注意到政府為同住或鄰近家人加添了「照顧者」的角色，在日常生活上期望該家人可以擔任主要照顧者，協助解決長者生理或心理上的需要。

筆者過去從事護老者個案跟進的過程中，不少護老者均有反映照顧壓力與時間分配的困難。由於公屋分配屬香港其中一項重要的支援基層政策，在取得公屋分配後，基層家庭的經濟狀況得到大幅改善，提升社會對受助組群的照顧。在日常生活中，被照顧的長者在面對各種回診、外出或日常購物需求時，同住家人往往是協助他們的第一人選。但當同住家人因其他家人的照顧需要，如子女上學等原因得尋求其他非同住家人協助時，便會面對責任上的衝突。非同住家人會認為同住照顧者在獲取照顧者相應的福利下，理應負責各項照顧工作，在此情況下導致不少同住照顧者，不應向其他非同住家人尋求支援。

更有部分家庭讓被照顧的長者出現「假獨居」的情況。即透過「天倫樂」優先配屋計畫配房後，家中成人（兒子／媳婦）均因需要外出工作或照顧年幼子女，令長者日間需要自行處理照顧上的安排，但卻因同住關係而無法申請其他社會支援，如綜合援助、社區照顧服務等，引起不少照顧問題。

直至2014年，香港政府開始加強對護老者的支援，推出「為低收入家庭護老者提供生活津貼試驗計劃」，該計劃延續至今，以支援在家照顧長者而有經濟需求的護老者。有關政策彌補了照顧者在日常生活的生理與心理需求。首先，有關津貼可讓照顧者更有動力以全職身份或以大部分時間照顧家中長者，讓長者得到充分的照顧；另外，有關計劃亦提供社工支援，每個護老者均以個案的形式跟進，由社工提供輔導與援助，在日常照顧上提供意見或情緒支援，讓護老者得到更多心理支援。

　　綜觀以上各項政策，無論在經濟還是心理上好像都可以為護老者提供足夠的支援，但亦讓我們有更多社會工作的反思。首先，護老者在以上政策的支持下，擁有了相應的資源以照顧長者，但護老者這個身分同時也帶來不少壓力與責任，在照顧上需要承擔自己、其他家人以至社會對他們的期望。

## 「護老者」一詞帶來的「責任」與「期望」

　　過去與護老者的對話中，工作人員與照顧者多半集中討論護老者的照顧需求及困難。經過定期會面與輔導過程，護老者得以關注長者照顧訓練與最新援助資訊，工作人員多會與他們分享最新的照顧資訊及支援政策等；對話也集中於長者的身體狀況及照顧需求，以確認長者是否需要更全面的照顧支援（如：長期護理服務等）；至於護老者的壓力與照顧困難，很多時候都因為護老者面對的其他各項困難而被安排在較後關注

的位置。即使每次會面中，時常會出現照顧壓力的情緒，護老者的描述與表達大多還是對家中長者的愛護或責任：

　　「這個是我的媽媽，多辛苦也要照顧⋯⋯」
　　「只有我是同住家人，所以這是我的責任⋯⋯」
　　「當初選擇與母親同住，我便預料到⋯⋯」

　　護老者不乏擁有高學歷及穩定收入的在職人士，為照顧年老親人而辭去工作，擔任全職照顧者。或許這些護老者亦有其他家人可以一同照顧，但卻因為同住家人或領取護老者津貼的關係，大部分照顧的擔子還是由自己承擔。在過去與他們的共行旅程中，不少照顧者對自己的照顧水平有所要求。如會面中，她們會表示晚間經常因為聽到長者走動的聲響而驚醒，導致失眠的情況；或每當長者身體出現不同程度的毛病時，即便醫生說明是因為身體老化而出現行走不良、食慾不振等現象，照顧者依舊會產出「我是否沒有為她做足夠的訓練」或「昨天烹調的食物是否不潔」等自責語言。

　　過去數年，香港出現不少長者自殺的個案，原因不乏因年紀漸長而無法照顧伴侶，或是因照顧壓力而出現抑鬱症狀等。因此，政府增加資源以處理護老者面對的心理健康問題。包括在長者地區中心或長者鄰舍中心增加人手，協助推行護老者個案或支援小組，讓護老者得到足夠的支援。

## 敘事理念與「護老者」工作

不少文獻讓我們了解到敘事實踐會跟隨不同的對話地圖。Michael White在**敘事治療的工作地圖**（White, 2007）亦有提及敘事實踐的外化地圖、重寫生命故事地圖等，可「幫助工作員回應案主以打開生命中被忽略的領域」（neglected aspects of the territories，頁5）。

Michael White指出應用地圖沒有既定的次序與必要，更重要的是按著敘事對話的發展探索來訪者的經驗。小組工作亦然，十分依靠工作員對小組組員的積極聆聽（active listening）及問句。在前期的小組進程當中，組員因應不同問題故事的困擾程度在不同的時間找到或說出獨特事件（unique outcome），因此，工作人員需要與組員花多一點時間遊走（loiter）。遊走的過程可讓組員在個人故事中穿梭不同的對話地圖或表達更多個人價值（values）或經驗，以鞏固個人的偏好故事。

筆者發現與不同主角的對話中曾建構不少共同故事（co-constructed story），透過「集體敘事實踐」（collective narrative practice）能整合組員的經歷與故事，以回應組員在小組中提及的各種困境，亦能讓組員在小組歷程中解構「照顧」、重拾和連繫個人的價值信念。事實上，組員在過程中表達出的各種困難，不少源自於社會或家庭對照顧者角色的要求或期望。

在照顧者小組裡，筆者會聽到以「當初選擇得照顧長者，便知道……」起首的描述。這些描述的背後隱藏不少組員自己、家人以至社會對照顧者各種要求的論述，加重了組員受問題故事的影響。當組員在每次聚會表達或聆聽其他組員的分享過程中，有機會看清、討論或反思相關的「要求」或「期望」，以探討社會論述對組員的影響。

筆者記得某個小組的一位照顧者，憶述自己的照顧經驗源於年幼時與哥哥的相處。他表示當時父母對哥哥的要求十分嚴格，對待他則不同。因此，他在成長過程中建立了一種「盡情享樂」的照顧價值，常與妻子在照顧孫兒時出現衝突—過度享樂是否會變成縱容。

另一位為家中長子的組員聽到這位組員的經歷，回憶起過去類似的經驗。父母在他年幼時對長子有著很大的期望，要求長子需要負擔照顧弟妹的責任，因此他提早完成學業，外出賺錢養家。

在以上的小組片段中，可留意到在敘事小組的每一位組員都能為應對問題作出貢獻，在互相分享與建構共同故事的過程中，呈現每位組員面對困難的能力，例如不少組員均提出應對照顧者壓力的方法，像是讓父母參加長者中心活動的空檔外出、或在父母睡覺時進行私人活動等。即使他們認為部分方法的成效不高，但透過組員間的聆聽及分享，建構了共同故事，讓各組員發現自己的期望及應對困難的能力。

## 敘事小組工作的技巧與反思

在開展每一個小組旅程前，我們都會考慮社區的狀況以邀請類近生活背景的長者進入團隊。類近生活背景與文化的團員有助於組員間了解其他組員分享的故事而產生共鳴和連繫。加上現今長者成長於六十年代，當時香港未有免費教育，長者的教育水平會因應成長時的家庭背景而有極大差異，年輕時的生活經驗、婚姻生活及子女照顧的在地知識和技巧等都是影響的因素。在其中一節小組的某位長者分享在中國內地內戰期間「逃難」來港的經歷，表示在內地生活時的經濟狀況與來港後有著極大差異。組員們大多有類近的來港背景，對來港生活的困難與挑戰感到熟悉，於是與分享者的故事產生共鳴。

除了整體社區人口的教育背景外，因應香港在不同時候出現人口遷移的情況，如六十、八十年代的內地人口大量來港、七十年代末艇戶上樓政策以及千禧年後單程證來港團聚等影響，他們會聚居於某些社區，因此每個社區都擁有獨特的文化背景特色。這情況就如人類學家芭芭拉・邁爾霍夫（Barbara Myerhoff）和懷特（Michael White）所描述的，組員可成為彼此的生命會員。

這些人口背景可讓工作人員在設計小組內容時製作不同的敘事文本。如在本文後期提到的歌曲創作，便應用了長者的成長背景來找尋合適歌曲，讓組員更有共鳴。

除了設計小組，也需要考慮小組的長度與節數。筆者會建議敘事小組最少有六節。每節小組的時間方面，長者的集中力及體力比成年人為低，如進行超過兩小時的小組，在中後階段會有部分長者出現疲態，因此一般都是一小時至一小時三十鐘為主。

在過去的小組經驗中，組員間的交流大多是發生在休息時間，故筆者建議可在小組每節加入休息環節，在適當時候讓組員休息五至十分鐘。原因有三，其一是讓組員有休息的時間，也讓剛分享完的組員稍作休息；其二，讓各組員在分享後有反思的空間，有些時候組員在分享的過程會出現沉默或沒有即時回應的情況，他們可能需要時間整理思維或找回相應的故事背景，因此，休息時間能讓分享的組員有空間對故事進行反思，在休息結束後往往會有一番新的體會；其三，讓各組員在休息的時間有更多自主分享，敘事團體實踐的過程組員會分享過去的生活經驗與經歷，因此在進行小組時需要較多時間或勇氣在人前分享活過的經驗。休息時間可讓組員有舒適的交流空間，在非小組時間增加彼此的連繫。例如組員會傾談中心其他活動、日常生活，或延續剛才小組的話題繼續交流。

## 小組設計背後的理念與想法

介紹設計小組的內容前，我們先探討敘事小組背的理念。敘事實踐相信人的行為與價值，是對自我的演釋（self-interpretation），我們會因過去生活的經驗而影響現在或日後

的行為。照顧者在現實面對的壓力以及應對方法，與其過去的生活和歷史有所關連。敘事實踐讓小組組員看清照顧經驗或壓力的來源，在小組中找出自己最舒適的應對方法與生活，發現個人的價值與信念。因此，我們會締造環境與空間，讓組員尋找出被遺忘的故事，從而建立其獨特的生命故事。

我們在進行敘事小組前，會發出「邀請信」作為首個文本，讓組員對小組有不一樣的印象：

歡迎你與我們一同經歷敘事小組。在你的生命中，是否經歷過照顧他人，或被人照顧的經驗呢？這些經歷中的人和事，是否會對你的生命存在重大意義？我們很期待可以在這個小組中，聽到你的精彩人生，讓我們有機會聽到你分享中的喜、怒、哀、樂。

在與個人對話或小組中，我們亦會應用敘事治療文本（therapeutic documentation），進行敘事小組的時候則成為會被理解集體敘事文本（collective narrative documentation）（Denborough, 2008），目的是希望透過「集體」的力量，將問題或壓力與「個人」分開。在照顧者面對的各種問題中，部分面對的困難與問題並不只有他遇到，其他人同樣會面對類似或不一樣的情況。集體敘事文本可歸納每位組員在照顧長者時面對的問題或困境、各人採用的策略或在地知識與技巧、各人抱持的價值信念，甚至連繫到社會上的照顧者（broader collective），過程亦可連繫生命、減低抽離感（sense of isolation）和內化的問題身分。

透過上文提到的邀請信表達了一些重要信息。首先，讓組員初次感受到敘事小組中工作人員與組員平等的參與角色。信中提到的「一同經歷」表達出建構共同故事的重要，亦讓組員們了解到小組著重於各組員的故事分享，可在當中締造一個舒服安全的環境讓組員得以分享自己，並在過程中將照顧的經歷一同建構（co-create）屬於組員的集體故事，以發現支撐各人應對照顧壓力的價值信念。

## 集體敘事文件

上述的「邀請信」亦有不足之處。在文本最後描述的「喜、怒、哀、樂」，雖然沒有刻意地表達照顧過程的情感正負面，但在敘事小組實踐的經驗分享中，我們會更著重聆聽組員的經驗與個人價值，而非只著眼組員的感受。因此，假如再次撰寫邀請信，可請組員分享更多當中的經歷、意義和想法。

歌曲亦是一種常常運用的敘事文本。David Denborough 在其《Collective narrative practice》中亦提到，這些紀錄可讓「技巧或知識以我們享受的方法得以體現」（Denborough, 2008）。所選用或撰寫的歌曲可讓主角回憶年輕時的生活經驗，以讓其生命故事有更大的結連。在筆者的其中一次小組中，便挑選了一首由香港歌手譚詠麟所唱的〈朋友〉。該歌曲在80年代中期十分流行，當時的年輕人均能琅琅上口，至今仍

在不少聚會活動中演唱。而80年代正是不少六十至七十歲長者的年青時期，組員均認識這首歌曲。工作人員便採用了這首歌曲的旋律，配以新的歌詞——組員在小組中分享的經驗與價值信念，讓組員的故事在歌詞中呈現：

年輕時候　常要嚴厲
然而今天他終於畢了業　便讓我終放下來放任了

仍然記得家中媽媽當天專心　教我應該懂得煮米飯
很想聽朝使～得我　獨立能大個

以上的兩句歌詞，來自其中一位長者照顧者對照顧角色的想法。主角用了「嚴厲」及「放任」兩個詞語，描述年輕時照顧子女的目的是為了讓子女順利完成學業；而下段則是另一組員分享家人教導煮飯的經歷。簡單的兩句歌詞，能讓組員將小組內的分享整理及紀錄，配以他們熟悉的歌曲旋律，加深印象，讓組員間更有共鳴。

而因為歌曲的內容綜合了各組員的故事及應對照顧困難所想出的策略，也加深對組員的後續影響力。在小組完成了大半年後，不少長者組員仍能繼續哼唱歌曲中的字句，讓組員在小組中分享的各種深刻照顧經歷與應對壓力的策略得以延續。

## 外化及隱喻

在思考小組運用的工具時，我們需要留意貼近組員的經驗（experience near）。Michael White在討論外化對話時，曾提及有關貼近主角經驗的重要性。外化問句可讓組員更細緻地描述正在困擾他們的問題經驗，從中我們會找到說故事者的獨特結果（unique outcome），並發展另類故事（alternative story）。

因此，筆者一般會建議在小組外化對話當中，運用不同的工具或手法，讓小組內容更貼近她們的經驗。在選擇工具時，我們亦可以考慮當中的「有趣」程度。Michael White希望透過外化對話將「問題故事」投射於一個「遊戲場」（playing field）而非在問題本身的領域。在實踐的過程，讓主角從問題中抽離是外化對話的主體，主角可以同時化身「第三身角色」，以輕鬆甚至玩樂的角色進行對話，這樣更能表達並意識怎樣受到「問題故事」的影響並找出獨特結果。

另一個Michael White在外化對話中提到的重點是「隱喻」。隱喻在外化對話扮演著重塑問題與主角關係的角色，讓主角擁有更多主動權。小組過程中，我們會使用隱喻，例如為一些有多年家庭主婦經驗的照顧者，用「生命餐單」（Recipe of life）這個比喻（Rudland-Wood, 2012），配以一些預製的設備或由工作員人自行製作的物品，如一些廚房設備或工具，締造空間讓主角看清楚問題及其在意的價值信念：

我覺得我好像一罐「美極」，即使菜肴烹調得難以入口，加一點「美極」即可令菜式變得美味。就好像我的子女，即使他們在生活中遇到多不如意的事情，但只要有我，他們都會變得快樂。

　　以上的回應源自一個全職家庭主婦的照顧者小組，身處於單職家庭（即家中一成人外出工作，另一成人擔任照顧者）中。當時工作人員與組員在中心的小廚房進行小組，廚房裡擺放著各式各樣的廚具、調味料、食材等。工作人員請每個人從中尋找一樣物品表達自己在家中的角色，其中一位組員便選擇了「美極」──一種家用調味醬汁的名字。這位烹調多年的主婦，對「美極」的外表、味道、作用、效果有一定的掌握，亦更能表達自己的故事。這個回應超出我的預期，當初設計這個環節時，想到的大多是「筷子、鍋子、電子鍋」等廚房常見的工具，但卻能發展出更獨特的個人經驗。「美極」讓我學習到只要我們能放下預設，讓主角有空間表達，自然會有難以預期的發現。

## 為小組加添樂趣

　　除了在預製工具中思考，亦可以透過一些與組員相關的物品進行小組內的其他活動。如過去接觸的長者組員，成長過程中幾乎都有玩「公仔紙」的經驗。「公仔紙」是六十年代兒童常玩的遊戲，有不同的形象與角色，如哪吒、孫悟空等神話人物。在小組中便可準備類近形象的「公仔紙」，讓組員可以輕

鬆而設身地表達：

我爸爸以前很像「孫悟空」，這張公仔紙一出現，其他人就會很害怕，因為他是最強勢的角色，只要他現身，大家都會安靜下來。

筆者從未玩過「公仔紙」，對「孫悟空」一角更是毫無概念。但一眾組員在聽到他的描述後，似乎對該組員的爸爸有很充分的認識。這些理解具有不同的時代、文化、語言的背景，在組員類近的生活經驗中運用其熟悉的工具於小組活動中，可讓組員更能描述過往的經驗，也對其他人的故事產生共鳴。工作人員無須按該遊戲原定的玩法，請他們以掌擊的玩法拍打「公仔紙」，只需利用有關道具的部分特質，如組員們對角色的認識、理解，讓組員以往的經驗和片段再次浮現，並可藉此表達想像。

在敍事實踐中，我們會建立主角主導的故事，採用主角所運用的詞語並加以核實當中的描述，如：「你剛才提到照顧媽媽的過程會讓你感受到安心與關懷，這樣的描述對嗎？」以上的表達與基礎輔導手法中的回應感受有所不同，較少為主角提供更多的情緒描述用字或以工作人員的經驗與知識主導對話的發展，而是讓主角整理所提出的感受的意義。在敍事小組過程，組員面對以上的發問時，往往需考慮有關描述是否符合自己的想法，因此部分時間會出現短暫的沉默。另外，在首節的小組中亦可作出更多解釋。在筆者過往進行各種敍事對話或小

組前，均會向他們說出以下內容：

在往後的小組對話中，我會問你（們）不少問題，如果你
不明白我發問的內容或不懂回答，可能是我問得不好，你可以
不作回答或請我再問一次。

這句話有助往後的小組發展。首先，在邀請組員分享時，
我們需建立更透明、尊重的關係，並把主導權交回給組員。小
組組員因應情緒、與其他組員的關係等，都有機會影響主角們
當下想分享的經驗，有關提問可讓主角有自主和選擇分享的空
間。同時，部分組員的分享會提到兩個故事的方向，如提及年
輕時與家人相處或工作的經驗，假如工作人員希望就相關內容
加以了解時，我們均會以：「剛才聽到你提及年輕時與家人相
處和工作的經驗，請問你會傾向多分享哪一個範疇的內容？還
是想到其他的故事或經驗？」讓主角有更多選擇空間。

## 鷹架對話的應用

另外，由於在整個小組環節中，工作人員會以不同的對話
地圖進行發問，如在小組中穿梭於重寫生命故事地圖或重組會
員對話地圖，部分問題涉及更高視野（landscape）的內容，如
問及信念（belief）或期望與夢想（hopes and dreams）等問題
時，會有機會出現組員未能回應或想不到答案的情況，這絕對
不是組員本身的能力問題，而是工作人員的提問遠離了組員腦
海的影像。

Michael White曾經在文獻中引用維諾斯基（Vygotsky）的教育發展理論以回應有關情況。維諾斯基在其鷹架理論中提到，學習者跨越貼近發展區（Zone of Proximal Development），進而達到潛在的發展層次，因此「教學者於教學活動中，應以學習者原有的先備知識較有潛力方面（貼近發展區）為基礎，設計相關之學習情境，讓學習者能在互動情境中建構知識及能力，發展其潛能。」（White, 2016, 2017）應用有關鷹架理論，建設了鷹架對話地圖（scaffolding conversation map）。

　　鷹架對話在小組對話中有著不可或缺的角色。它是把敘事的地圖一和地圖二結合而成，著重主角貼近發展區「實際發展進度由主角獨立解決問題的程度或由成人（adult）的指導或由較高效（capable）朋輩合作（collaboration）」（維諾斯基，1978，85頁）。

　　組員可以在小組討論中擔任如朋友般的合作角色，一同創造故事。一位組員分享時，其他組員亦可與工作人員一同提出好奇的地方。在其中一節的小組中，筆者曾嘗試預先設計約三十條在鷹架對話中有機會問到的問句，並隨意擺放在桌面上。在這個環節開始時工作人員先作出邀請，讓其中一名年長照顧者分享其照顧及被照顧的經驗。工作員提出幾個問句後，便請組員參照桌上的各個問句，向分享的組員發問，而分享的組員則可在當中選擇回應那一個提問。

筆者嘗試透過以下的故事分享，讓讀者可以更了解鷹架對話在小組中的應用。主角是一名年約七十歲的母親，與丈夫育有兩名子女，子女均已大學畢業並各自建立家庭。現在主角以照顧孫兒為樂，與約八十歲的丈夫一同生活。這位長者照顧者同時照顧孫兒與較年長的丈夫。工作人員在小組的第三節透過鷹架對話地圖呈現她的價值信念：

長者照顧者：我自小沒有接受教育，沒有太多學識，不知道可
　　　　　　以說什麼。
　　工作員：沒關係，或者你可以在小組內回答一些問題，如
　　　　　　果你無法回答或不想回答，你可以直接告訴我。
長者照顧者：嗯。
　　工作員：你可以分享一下你現在的生活嗎？
長者照顧者：我現在的生活嗎？算是滿意吧……
　　工作員：「滿意」的生活是如何的呢？
長者照顧者：開心、滿足吧！女兒經常陪我喝茶，還經常帶我
　　　　　　去旅行。但因為兒子的一些情況……所以我尚未
　　　　　　感到滿足。
　　工作員：「滿意」的生活包括有「開心」和「滿足」？
長者照顧者：是的。之前與兒子有過一些誤會……現在比較少
　　　　　　聯絡。
　　工作員：「誤會」影響了你「滿意」的生活嗎？
長者照顧者：當時我與兒子同住。我正申請公屋的時候亦有告
　　　　　　知他，很快我便獲編配公屋。當時真的很快就編
　　　　　　配到第一間房屋給我，但是屋齡很高，我與女兒

商討後，認為既然很快可以派樓，不如等侍屋齡較新的房屋吧。怎料原來兒子想快一點賣出當時的房屋，但他並沒有告訴我，便出現了誤會。

工作員：你認為這個是當中的「誤會」？

長者照顧者：他早一點告訴我如何處理，「誤會」便不會影響我們太深。我如果知道他想早點賣屋……我便會早一點搬遷……

工作員：你有沒有試過一些方法處理「誤會」？

長者照顧者：現在我們已經很少見面……我只能從女兒的口中得知兒子的最新狀況及想法。

工作員：你希望與兒子的關係能如何？

長者照顧者：我只希望他抽空回來與我喝茶，了解他的近況，便會心滿意足。

工作員：你會怎樣形容這種相處關係？

長者照顧者：與他「近一點」吧！

工作員：「近一點」可以讓你更心滿意足？

長者照顧者：「近一點」可以讓我與他分享更多，減少我們之間的誤會。

　　在以上的對話中，我們可了解到長者照顧者與兒子的相處出現誤會。她在描述「誤會」的同時表達了她對母子關係的期望。若能除去「誤會」的經驗她便可與兒子有「近一點」的相處。「近一點」的期望讓她體現所期望的母子關係。

　　如前所述，鷹架對話著重主角的貼近發展區，如從主角提

到現在生活尚「未滿足」，筆者編輯其滿意生活是開心和滿足，這是若有似無和意圖由這裡探索和豐厚主角的價值和盼望（鷹架對話第四層——有關主角價值信念或生命的反思）。主角說出與兒子之間出現誤會（鷹架對話第一層——片段或經驗），筆者先請主角多談誤會對她與兒子之間的影響及她對誤會的演繹（鷹架對話第二層——經驗的意義），繼而邀請她分享應對問題的策略，並連繫她對母子關係的期望（鷹架對話第三層——聯想、連繫，及第四層），主角表達出中高階距離（medium-high-level distancing tasks）關係「近一點」的期望，再到鷹架對話第五層——以實際例子「回來與她喝茶」把期望變為未能的可能行動。

## 對「大敘事」與社會論述的回應

在社會工作介入中，我們常常會將人與環境拉上關係。「人在環境中」的關係並不單是提及我們身處於社會之中，更重要的是很多時候我們會看輕社會環境與政策對人的影響。社會隨著時代轉變，「大敘事」對我們的影響力亦有所增減。這些大敘事往往出現於我們很容易忽略或被認為理所當然的行為與想法，使我們將問題內化，這些想法稱之為主流社會論述（dominant social discourse）。在進入敘事實踐前，工作人員要先有反思，重新審視社會論述對我們個人的影響，以免在敘事實踐的過程影響主角們被聽到和被看到。Denborough（2008）亦有提及工作人員需要避免個人化（individualistic）及社會導向（socio-centric）的「語言」投放於實踐中。這些「語言」將

導致我們對個人、文化或性別造成偏見或作出假設，讓我們的對話或行動出現「特權」（privilege）語句。

在經歷小組之後，組員的故事與治療文本，對社區上的其他人士亦可作出貢獻。筆者在每次小組之後，均會與組員一同籌辦各種社區活動，如社區展覽，透過文字、聲音等讓社區人士了解到各照顧者面對的情況與處理壓力的經驗。部分參與的長者即使未能親自出席，亦會透過錄音的方法，分享小組內憶述的故事與個人價值。社區人士透過文字作出回饋，迴響在聆聽故事後的觸動。過程中，工作人員需在社區活動中有更清晰的解說，讓社區人士進行迴響時避免變成「鼓勵」與「支持」，在迴響中請社區人士集中回應兩條問題，包括：在分享中有哪一部分讓你觸動？是否讓你聯想到自己的一些經歷及想法？這些迴響會紀錄於「便利貼」中，讓小組組員可於日後參看。

這種社區活動讓我們更能體現敘事實踐在社區工作的角色。透過社區展覽，組員在小組中分享的獨特故事可讓社區人士意識到照顧者面對的困難及應對，從而以第三者的角色反思社會對相關問題的關注，並在迴響中回應及反思更多社會論述。部分展覽參觀者分享提到，舊式社會對婚姻的期望，無論結婚時是否「盲婚啞嫁」，妻子亦需盡「三從四德」的責任照顧子女，負擔起所有教育子女的工作，年老後亦會繼續照顧丈夫。也有在迴響時回應自己意識到時代的轉變，年老後會運用更多社會資源協助照顧丈夫，以減輕照顧壓力。

**反思**

在筆者的敘事實踐歷程中，曾運用敘事理念進行個案、小組、以至社區的工作，以上各種活動帶給我的並非是使用技巧的純熟度，更重要的是對理念與價值的重視與實踐。首先，敘事理念對「權力」的意識十分重要。無論在敘事實踐或是筆者一直從事的「充權」工作中，均會談及服務對象受到社會「權力」的壓迫，但工作人員自身的「權力」往往被看輕或忽視。社會工作者的基本價值亦有談及我們需要以「案主自決」來體現服務對象的權利實踐，敘事實踐更重視工作人員的每一個回應、問句的方向甚至一個讚賞，均會使關係變得不平等。因此，工作人員在實踐中會十分留意由服務對象選擇討論的方向及避免讚賞。

另外，由此引申敘事實踐對語言影響力的重視。敘事實踐十分重視對服務對象的語句運用，如外化對話的「命名」（naming）、對話中出現過的若有似無（absent but implicit）、迴響團隊的敘述（telling）與重述（re-telling），均可看到敘事實踐對服務對象的用字描述十分重視，這正是貼近主角經驗的實踐。

第三，敘事實踐對「解決問題」的取向。敘事實踐的過程無意為服務對象「解決問題」，服務對象才是處理困難與問題的最佳解方，整個實踐過程旨在與服務對象尋找受問題故事困擾以外的個人價值，並加以豐厚。因此，敘事實踐很容易被看成「對問題沒有進展」而讓工作人員變得急於解決問題。

對我而言，在掌握各種技巧前，了解到以上幾個核心價值，才是掌握敘事理念的重要元素。

## 參考書目

White, M.（2007）. *Maps of narrative practice.* W.W. Norton.

Denborough, D.（2008）. *Collective narrative practice: Responding to individuals, groups, and communities who have experienced trauma.* Dulwich Centre Publications.

District Council.（n.d.）. Retrieved on December 30, 2022 from https:／／www.districtcouncils.gov.hk／index.html

Rudland-Wood,（2012）. Recipes for life. *Journal of Narrative Therapy and Community Work*, No.2, 34-43.

## 生命，才是最值得去的地方：敘事治療與旅行的相遇

作者：黃錦敦

作者透過旅行途中遇見的人事物，
介紹敘事治療的視野；
同時透過敘事治療的眼光，一路上且行且思，
讓「旅行故事」與「敘事治療概念」來回對話。

因為聆聽別人的生命故事，
而碰觸到自己內在的深刻經驗，
這種共鳴就是所謂的生命感。
這些生命的碰觸
會影響人們接下來的行動與思考，影響我的人生。
這就是敘說故事的影響力。

## 敘事治療的實踐：與麥克持續對話

作者：麥克·懷特（Michael White）

本書是敘事治療大師麥克·懷特去世後，
他在澳州杜維曲中心的共事者
埋首在他的檔案系統中，努力找尋出的珍貴資料。

這本書集結了懷特描述自己工作的談話、
演講內容及關於工作背後的思想、決心和目標，彌足珍貴。

在這些描述中，我們不但看到麥克的工作細節，
也看到他對治療關係採取多麼精緻仔細的態度。
如果想要了解麥克的工作，這是最接近的一本書了。

國家圖書館出版品預行編目 (CIP) 資料

在敘事中療癒：跳脫框架重構精神健康 / 秦安琪, 曹爽, 梁
樂衡, 梁曉邦, 麥麗娥, 黃穎琴, 葛思恆, 謝杰雄作. -- 初版.
-- [新北市]：張老師文化事業股份有限公司, 2023.07
  面；  公分. -- (教育輔導系列；N160)

ISBN 978-626-96870-4-6(平裝)

1.CST: 心理諮商 2.CST: 心理治療

178.4                                            112010502

教育輔導系列 N160

# 在敘事中療癒：跳脫框架重構精神健康

張老師文化雲平台

App下載（通用）

作　　者／秦安琪、曹爽、梁樂衡、梁曉邦、麥麗娥、黃穎琴、葛思恆、謝杰雄
總 編 輯／萬儀
企劃編輯／陳佩吟、郭家銘
封面設計／李東記
行銷企劃／呂昕慈、黃琳雅

發 行 人／葛永光
總 經 理／涂喜敏
出 版 者／張老師文化事業股份有限公司Living Psychology Publishers Co.
　　　　　231 新北市新店區中正路538巷5號2樓
　　　　　電話：（02）2369-7959　傳真：（02）2369-7110
　　　　　讀者服務E-mail：sales@lppc.com.tw
　　　　　網址：https://www.lppc.com.tw/（張老師文化雲平台）

I S B N／978-626-96870-4-6
定　　價／420元
初版 1 刷／2023年07月

法律顧問／林廷隆律師
排　　版／菩薩蠻電腦科技有限公司
印　　製／大亞彩色印刷製版股份有限公司